Econo-Globalists 19

副島隆彦
Takahiko Soejima

ユーロ恐慌

Brexit After-Shocks

欧州壊滅と日本

祥伝社

ユーロ恐慌

日銀黒田が急に「イールドカーブ」政策を打ち出した。10年もの国債を0％でクギ打ちする、そうだ。

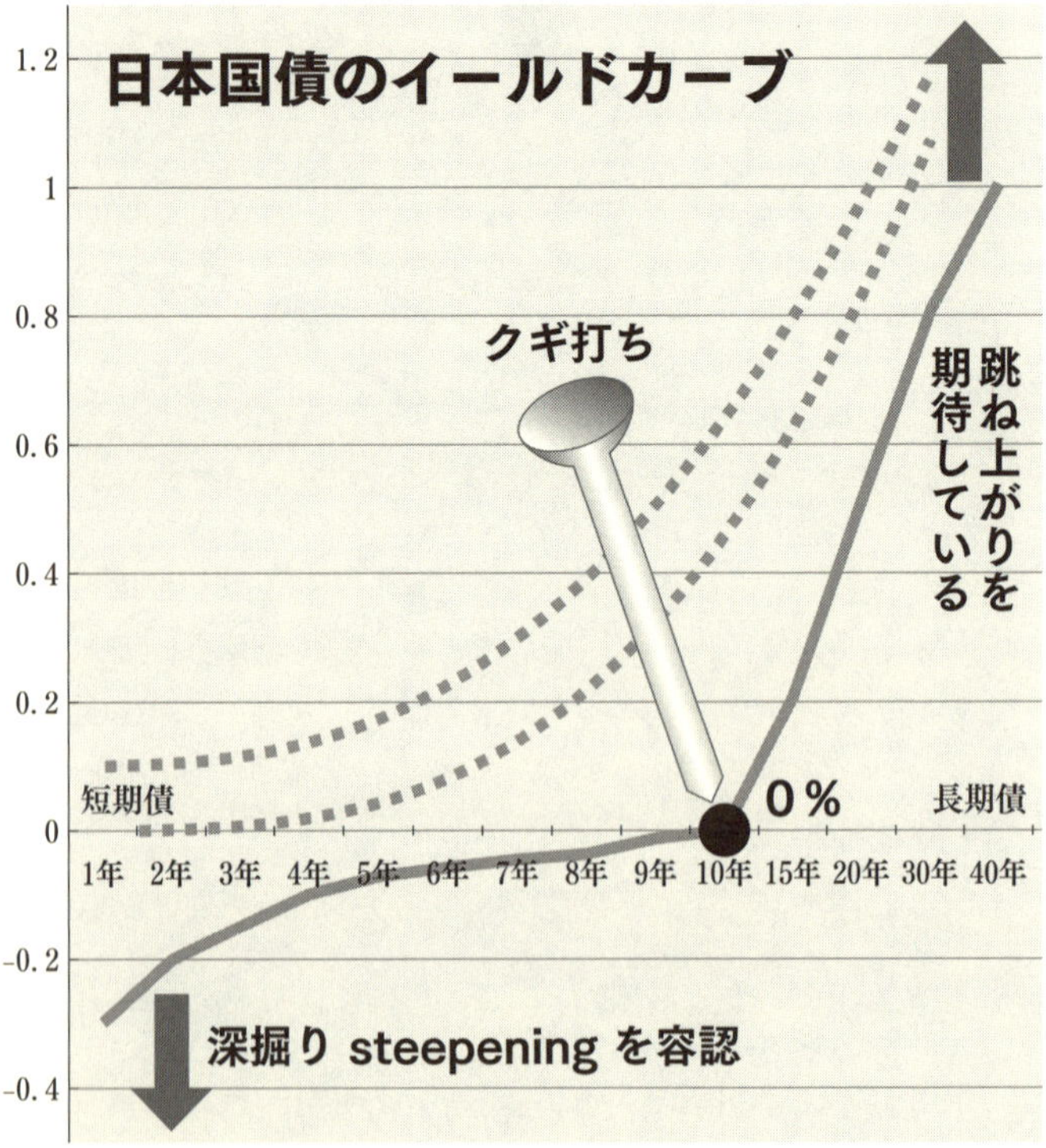

まえがき

日銀の黒田東彦《くろだはるひこ》総裁は、「まだまだやるぞ、マイナス金利」である。しゃかりきになっている。金利を今よりもさらに下げて、日本を氷づけにする気だ。

「景気回復（デフレ脱却）」という言葉は、安倍晋三《あべしんぞう》首相から消えた。日本は金融緩和《かんわ》路線（ジャブジャブ・マネー路線）を今も突き進んでいる。

日本は、「10年もの国債の利回りを、0《ゼロ》％に釘《クギ》打ちして、それより短期の金利を深掘《ふかぼ》り（steepening《スティープニング》）して、さらにマイナス金利を〝深化〟させる」のだそうだ。9月21日に発表した。その代わりに「20年もの、30年ものの長期金利は右肩上がりに〝跳ね上が〟ってもいい」らしい。右ページの図表のとおりである。

「10年もの国債の利回りを0％で釘打ちすること」が、何がそんなにすばらしいことなのか、私には分からない。日銀黒田総裁たちは自画自賛して、これを「イールドカーブ・コントロール」政策と呼んで小躍りしている。「量《りょう》（ジャブジャブ）中心から、金利を中心の金融政策《マネタリー・ポリシー》に移す」と、何か大変すばらしいことを考えついたように触れ回っている。

短期金利（政策金利）だけでなく、長期金利までも自分たち為政者《いせいしゃ》は管理できる、自分たちで動かせるのだ、と宣言したに等しい。これは統制経済《とうせいけいざい》（コントロールド・エコノミー）の手法である。

この冬に、ヨーロッパ金融崩れが起きそうだ。「ユーロ恐慌」である。ドイツ銀行が危ない。破綻したら負債総額は２・２兆ユーロ（約２６０兆円）だそうである。ヨーロッパが団結して何とかするであろう。が、この打撃は世界中に広がる。

副島隆彦《そえじまたかひこ》

ユーロ恐慌――目次

3章 追いつめられた銀行

金《きん》の価格（値段）について

5章

「実物経済《タンジブル・エコノミー》」の地政学　169

6章

帝国の衰亡とマイナス金利時代の終わり　193

カバー写真／泉　浩樹
装丁／中原達治

1章

ユーロ恐慌が私たちを襲う

“ドイツ銀行ショック”は、なぜ起きたのか

今年の冬からヨーロッパ発の金融恐慌が世界を襲うだろう。「ユーロ恐慌」である。その震源地《エピセンター》は、ドイツだ。ドイツ最大の銀行（だから同時にヨーロッパ最大の銀行）であるドイツ銀行が、破綻の危機を迎えている。日本でなら三菱《みつびし》東京UFJ銀行が倒産するということだ。これは異常事態である。ロイターの記事を載せる。

「ドイツ銀の苦境鮮明、選挙控え救済に抵抗感　資金引き揚げ報道も」

ドイツ銀行を取り巻く環境が厳しさを増している。

モーゲージ担保証券（MBS《エムビーエス》）の不正販売問題で、米司法省から巨額の制裁金の支払いを求められた（9月15日）ことに端を発する財務不安から（ドイツ政府による）公的支援を受ける、との観測も浮上している。総選挙を来年に控え、議員たちは（ドイツ国民に）不人気な銀行救済に反対する姿勢を強めている。

ブルームバーグは、9月29日、「ドイツ銀のプライム・ブローカー・サービスを利用していたファンドが、今週、保有するデリバティブ（金融派生商品）の一部を、他

ドイツ銀行の株価（ドイツ証券取引所。1年間）
10ユーロ割れると破綻の緊急事態だ

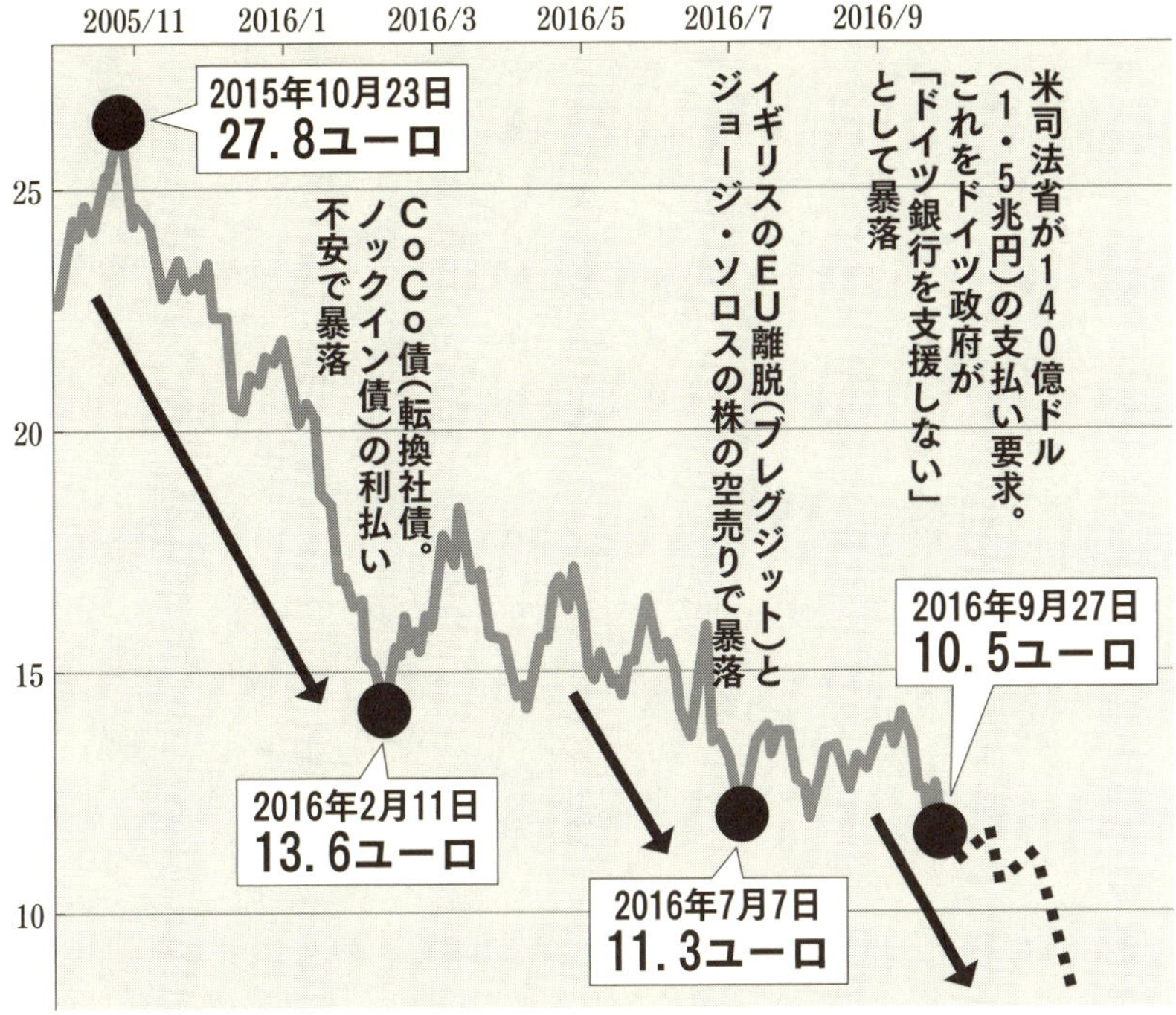

出所：ブルームバーグのデータをもとに作成

　ドイツ銀行の株価は下げ続けている。今年の9月15日にアメリカ司法省が、「（2007年までに）ドイツ銀行はＲＭＢＳ（住宅ローン担保証券）を販売したとき、投資家にリスクを説明しなかった」と、140億ドル（1兆5000億円）の和解金（罰金）を提示し、要求した。ＲＭＢＳとは、2007年のサブプライムローン崩れのときにボロクズ債券になったものだ。

　この140億ドルの支払いをめぐり、9月26日に「ドイツ政府（メルケル政権）は公的支援（ベイルアウト bailout 緊急の救援）をしない」との報道があって、株価がさらに暴落。ドイツ銀行の破綻危機問題が緊迫化してきた。いよいよ“ユーロ恐慌”である。

の金融機関に移した」と報じた。これを嫌気して、米国株式市場で、ドイツ銀の米預《よ》託《たく》証券（ADR《エイディアール》。引用者注・本国だけでなくニューヨーク市場にも上場されている写真相場で米ドル表示されるドイツ銀行の株価）は大商いのなか8％超急落し、最安値を更新した（11・19ドル）。

ドイツ銀行の広報担当者は、「（当社の）トレーディング顧客の大半はわが社の安定的な財務状況と現在のマクロ経済状況を理解してくれていると確信している」とコメントして、不安の払しょくに努めた。一方、ドイツで連立政権（メルケル首相のCDU《ツエーデーウー》と社会民主党《SPD》との大連立）の一角を占めているバイエルン州の保守政党キリスト教社会同盟（CSU）のハンス・ミヒャエルバッハ議員は、「政府は経営難に陥った銀行への支援は行うべきでない」と述べた。

（ロイター　2016年9月29日　傍点と注は引用者）

このようにドイツ銀行の経営危機が噂され、ヨーロッパ全体だけでなく、世界中に動揺が広がっている。当然、日本の金融市場《マネーマーケット》の関係者たちにも不安が広がっている。

ドイツ銀行に対して「140億ドル（1・4兆円）を罰金《ばっきん》（懲罰金《ちょうばっきん》）として払え」と

命令したアメリカ司法省（ジャスティス・デパートメント。米財務省《トレジヤリー》ではない）は、9月30日に「54億ドル（5400億円）に大幅に負《ま》けてやる」と、ドイツ銀行からの減額要求に応じたようである。初めの請求額の1・4兆円からすると、3分の1の大幅値引きである。

「司法省、ドイツ銀の罰金54億ドルで近く合意＝報道」

米司法省はドイツ銀行に科すモーゲージ担保証券（MBS）の不正販売問題をめぐる罰金について、当初科《か》すとしていた最大140億ドルから54億ドルに大幅に削減することで合意に近づいている。AFPが30日、関係筋の話として報じた。

AFPによると、合意は向こう数日以内に発表される可能性がある。ただ関係筋は罰金の最終的な額は若干変わる可能性があるとも話したとしている。

ドイツ銀はこの報道についてコメントを控えている。米司法省のほか、ドイツ財務省もコメントを控えている。

ドイツ銀の株価は一時10ユーロを割り込み最安値を付けたものの、その後は回復し、前日終値比6・39％高の11・57ユーロで取引を終えた。

ドイツ銀の米預託《よたく》証券（ADR）は大商いのなか、米市場午後の取引で約14・9％高の13・19ドル近辺で推移。一時は13・28ドルまで上げた。

（ロイター　2016年9月29日）

何があったのか、詳細は分からない。ドイツ銀行が崩れたら、アメリカも困る。自分たちにも打撃が来る、ということでバーゲニング（取引）に応じたのだろう。だいたい、ドイツ銀行はアメリカのシティバンク（シティグループ）の子分、子会社を長年（敗戦後ずっと）やって来た。シティバンクの尻拭《しりぬぐ》いをさせられたのだ。シティバンクが取り扱ったサブプライムローン（貧困層相手の住宅ローン）の焦げつきのババをドイツ銀行につかませたのだ。この件については、P115以下に優れた分析文を載せた。

●ブレグジット（イギリスのEU離脱）の余波――日米の株価も下落した

この6月24日に、イギリスがEU《イーユー》から離脱する、と決まった。23日にEU離脱（ブレグジット　Brexit = Britain《ブリトン》 Exit《エグジット》）の是非を問う国民投票（ナショナル・レファレンダム）

英ポンドが下落した
ユーロとポンドの為替相場
（直近の4年間）

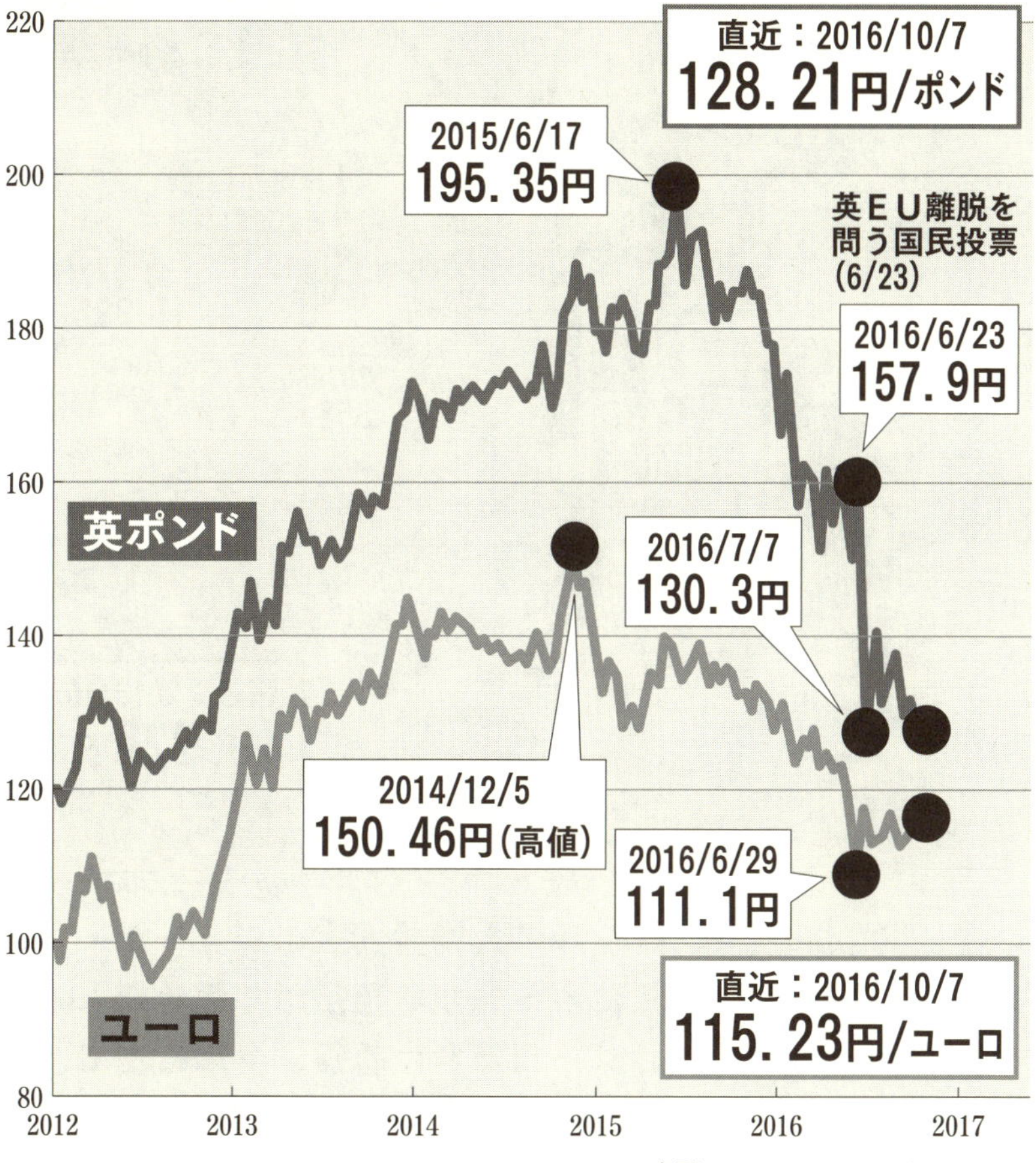

出所：Yahoo! ファイナンスから

ヨーロッパ金融崩れが始まる。ロンドンのシティの信用力はひとまず維持された。中国の人民元がポンドの信用を支えたからだ。

ＮＹダウの推移（直近1年）

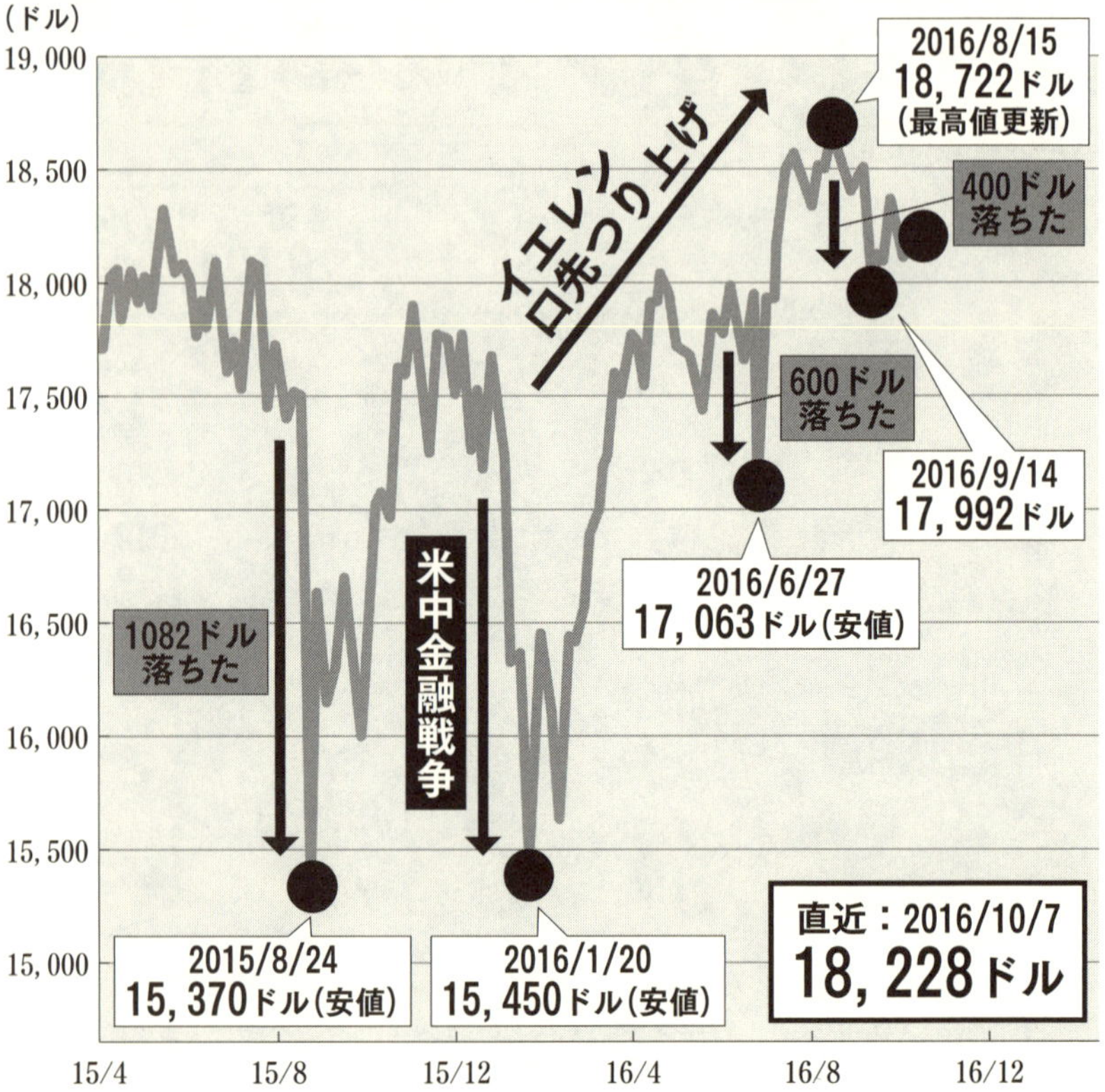

出所：Yahoo! ファイナンス、New York Stock Exchange

上記の2つの暴落は、ワルの大物投資家のジョージ・ソロスが、中国株と人民元にカラ売りを仕掛けて起きたものだ。中国政府（習近平政権）は、ただちに報復、反撃に出て、ＮＹ株を暴落させた。日本株も暴落した。このあと2016年2月の上海Ｇ20で、ひとまず「手打ち」となった。

ＮＹダウは今年8月15日に史上最高値を付けた。これはイエレン議長の「口先つり上げ」である。このあと18,000ドルあたりで動かない。

日本株の推移（直近1年）

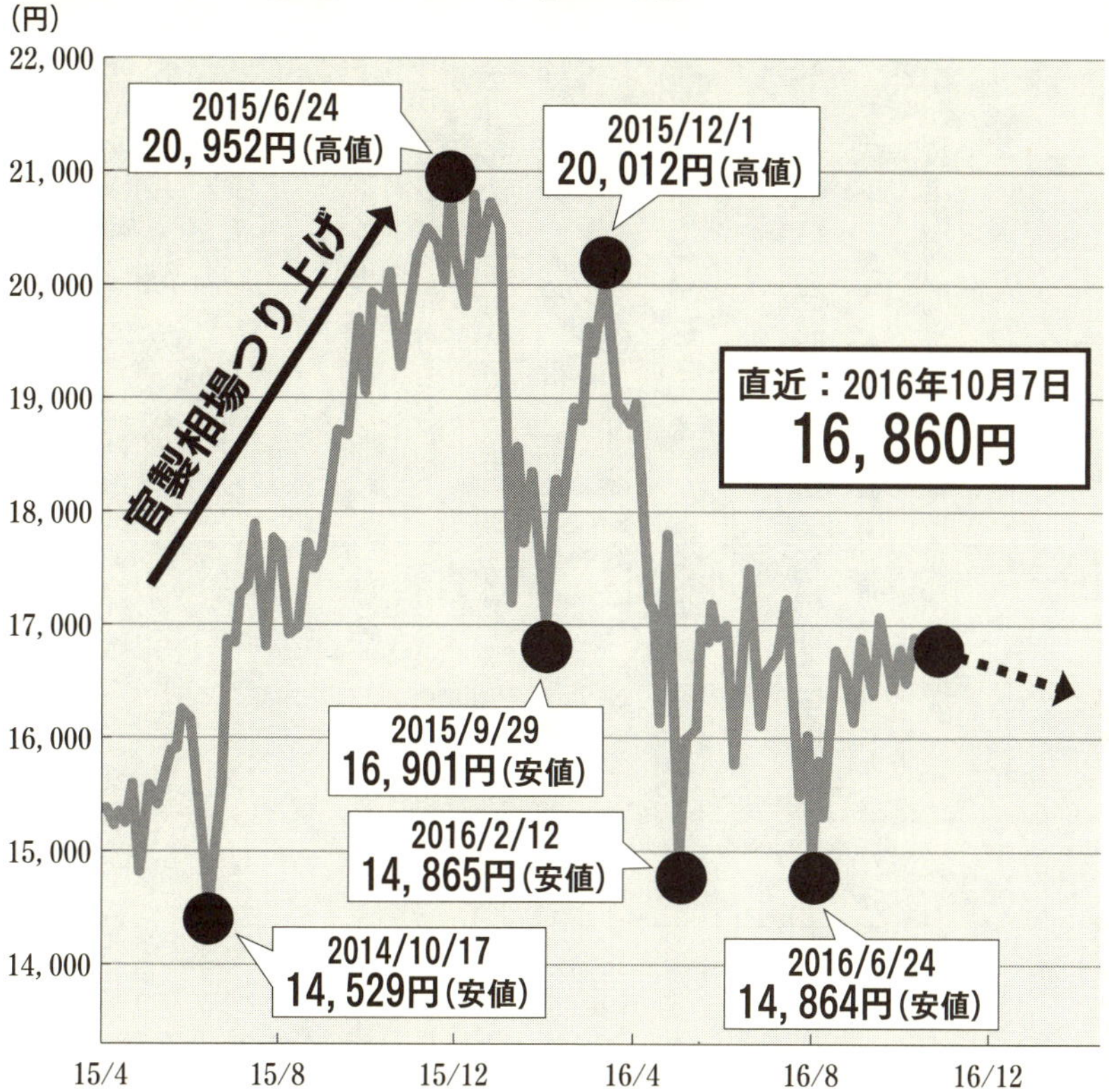

出所：Yahoo! ファイナンス時系列データ

日経平均は17,000円割れだが、このうちの1,500円分は、公然とＧＰＩＦと日銀ＥＴＦによる吊り上げである。下駄をはかせている。だから本当の日経平均は、15,500円である。

この“官製相場”で20,952円の最高値を付けた。

があって、この結果（51・9％の賛成）で決まった。ヨーロッパの金融基盤がこれでますます脆弱《ぜいじゃく》になる、という考えが一気に世界中に広がった。当のイギリス国民の間にも広がった。ヨーロッパ人は、みんなで顔が引きつった。〝ブレグジット・ショック〟と騒がれた。

この衝撃と不安は、今も続いている。「ブレグジットの打撃は、どこかに現われるのか」が2016年末の今も、市場関係者たちに世界中で語られているヒソヒソ話である。まるで大津波の余波（aftermass《アフターマス》）が自分の国にも伝わってくるゾ、という感じである。開票結果発表の直後には、P19のグラフのように英ポンドが暴落した。1ポンド160円が130円にまで急落した。連鎖的に日本株とニューヨークの株も下げた（前ページのグラフ）。このことは、このあとP140でも詳述する。

ドイツ銀行の危機は、今年の初めから金融市場《マーケット》でずっと指摘されてきたことだ。ロイターやブルームバーグなど金融専門のニューズ会社（通信社）が、たびたび報じてきた。だが、日本の新聞やテレビは、まったくと言っていいほど知らん顔を続けた。

私は、前著『マイナス金利「税」で凍りつく日本経済』（2016年4月刊、徳間書店）

で「ギリシャ政府が持っている5000億ユーロ（70兆円）の債務（負債《デット》）を、ヨーロッパ諸国の政府と主要銀行が、皆で互いに支え合って、ギリシャ国債（すでに紙クズ）を買い持ちしている。ここで連鎖倒産《チェイン・オブ・バンクラプシー》の危機が生まれる。この危機はドイツ政府とドイツ銀行に飛び火する」と書いた。そのとおりになりつつある。

●アメリカがドイツ銀行に科した制裁金1・4兆円

　P15のドイツ銀行の株価（ドイツ証券取引所 Deutsche《ドイッチェ》 Börse《ベールゼ》）のグラフを、もう一度、じっと見てほしい。1年前は28ユーロだった。それが、10ユーロ割れが近い。9月30日には瞬間的に10ユーロを割り込んだ。この本が出るころには、ふたたび10ユーロを割っているかもしれない。

　ドイツ銀行はニューヨーク証券取引所（NYSE《ナイス》 New York Stock Exchange）にも上場している。預託《よたく》証券（ADR《エイディーアール》）という名でドル建てでもドイツ銀行株を売買できる。このニューヨーク市場でもドイツ銀行株は、11・23ドルの安値を付けた（9月23日）。これは写真相場だ。取引市場での値段が即時に為替裁定《かわせさいてい》（アービトラージ）機能が働いて連動する。金《きん》のNY《ニューヨーク》のCOMEX《コメックス》市場の値段が、ほとんど変わることなく東京市場と連動していることと同じだ。

なぜ、こんな下落が起きたのか。P15のグラフの説明文にも書いたが、今回の「ドイツ銀行ショック」は、アメリカの司法省が、ドイツ銀行に対して140億ドル（1・4兆円）を支払うように請求（損害賠償金である）して、これをドイツ政府が「政府は救《たす》けない。民間銀行なのだから勝手に交渉しろ」という感じで、「公的支援しないと決めた」という報道があったからだ。だから、株価が10ユーロ近くまでドーンと落ちた。ブルームバーグの記事を載せる。

「メルケル独首相、ドイツ銀行への公的支援の可能性排除――フォルクス誌」

ドイツのメルケル首相は、2017年9月の総選挙まであと1年と迫る中、ドイツ銀行への公的支援の可能性を排除した。ドイツ誌『フォルクス』が複数の政府当局者を引用して伝えた。

メルケル首相は、ドイツ銀が住宅ローン担保証券（RMBS《アールエムビーエス》）販売をめぐり調査を決着させるため最高140億ドル（約1兆4100億円）の制裁金支払いを米司法

ドル円の為替相場

(直近の5年間)

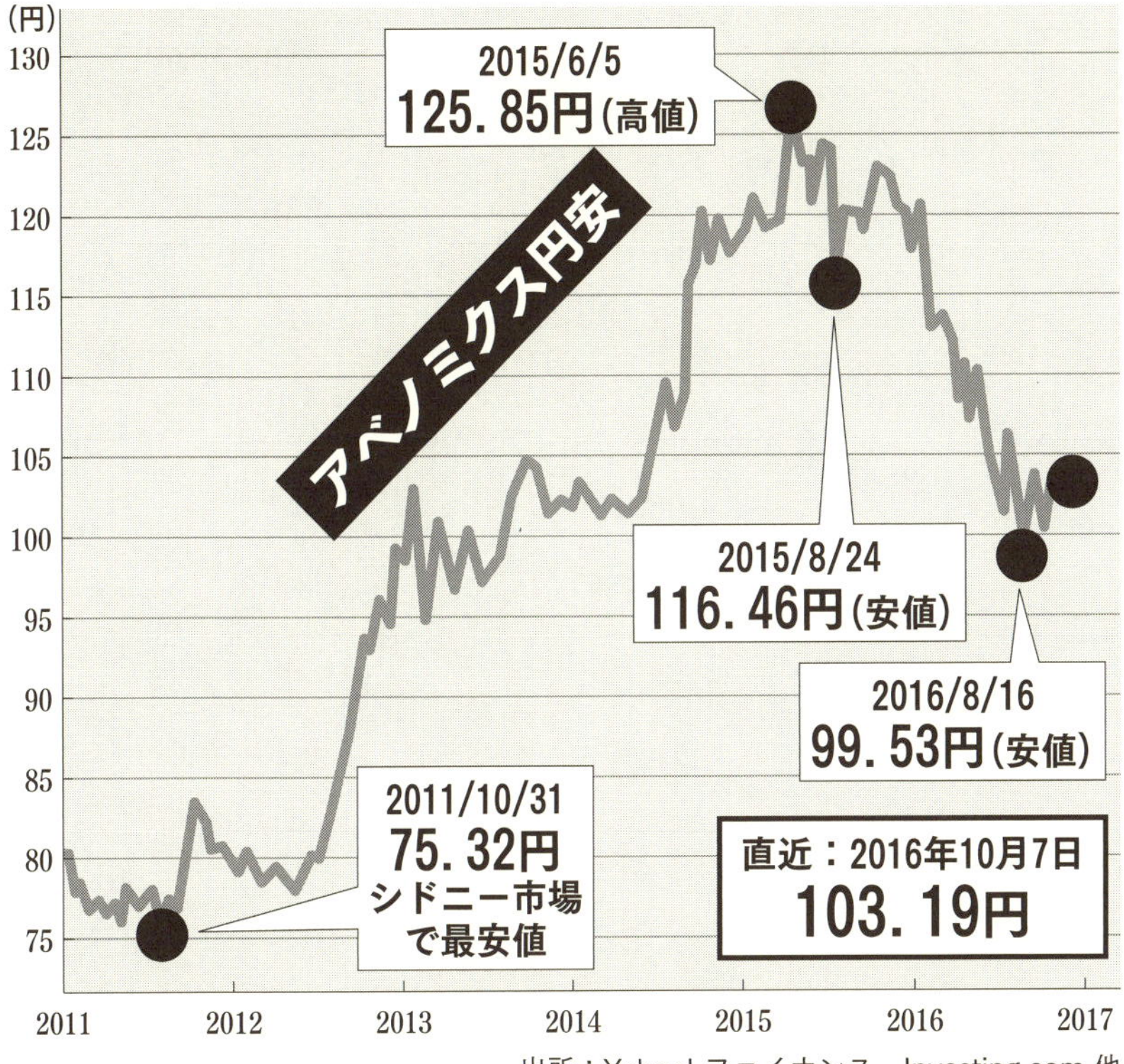

出所：Yahoo! ファイナンス、Investing.com 他

安倍政権による為替(安)操作＝通貨安政策は、もうできなくなった。

日本政府は外債(米国債)買い(＝円売りドル買い)をやって、何とか円安にしようとする。ところが、ヘッジファンドと外国政府が日本国債を安値で買う。だから、円高になる。

省から求められた問題について介入しない姿勢だと伝えられた。独政府報道官は、9月24日、この報道にコメントを控えた。ドイツ銀の広報担当者もコメントしなかった。

ドイツ銀の株式時価総額は今年に入って半分近くに減少している。その財務力にはドイツの政治家（議員たち）の間でも懸念が浮上している。金融事情に詳しい関係者2人によれば、社会民主党（SPD《エスペーデー》）の金融問題を担当する議員たちが、9月20日に開いた非公開の協議で、バーゼル銀行監督委員会（BIS《ビーアイエス》）の金融規制に関する議論と並んでドイツ銀の問題が取り上げられたという。

（ブルームバーグ　2016年9月26日）

ドイツ国民は、第1次世界大戦（WWI《ダブリユダブリユワン》）に敗戦（1918年）したあとの激しいインフレの記憶がある。フランスに賠償金を支払うために、レンテンマルク（1兆マルク）という紙幣まで政府が印刷したという。おそらく、インフレ率1000パーセント（物価が10倍）ぐらいの激しい〝ハイパー（超）インフレ〟が襲いかかったのだ。日本だって、敗戦の翌年の1946年2月から政府による〝預金封鎖〟（bank《バンク》 account《アカウント》 cramp《クランプ》

down《ダウン》）宣言があった。このとき１０００％のハイパーインフレが起きたのだ。

この記事にあるＲＭＢＳ《アールエムビーエス》（住宅ローン担保証券。Residential《レジデンシャル》 Mortgage《モーゲッジ》 Backed《バックト》 Securities《セキュリティーズ》）を、ＡＢＳ《エイビーエス》（Asset《アセット》 Backed《バックト》 Securities《セキュリティーズ》　不動産ローン担保証券）とも言う。この場合は、商業ビル担保証券（コマーシャル・モーゲッジ・バックト・セキュリテーズ、ＣＭＢＳ《シーエムビーエス》）が除外される。

住宅ローン債権を何百本も掻《か》き集めて証券化（セキュリタイゼイション）した。そして、銀行間で売ったり買ったり、大口の投資家たちに「高利回り《ハイイールド》の商品ですよ。リスクは低い（安全）です」と言って売った金融商品《ファイナンシャルプロウダクツ》である。このＲＭＢＳが、２００７年８月の〝サブプライムローン崩れ〟でボロクズになって大量に表に出た。

ドイツ銀行も、このＲＭＢＳを、アメリカで大量に売っていた。このとき「投資家たちにＲＭＢＳのリスクを説明しなかった」という理由で、アメリカの司法省が１４０億ドルを要求した。

ブルームバーグの記事には「和解金」や「制裁金」と書いてある。制裁金、懲罰金、罰金ということは、被害者たちからの請求があって、それに充当（引き当て）するということではない。そのままアメリカ政府の国庫《こっこ》に入ってしまう金《かね》だ。

アメリカ政府は財政がぼろぼろ状態で大赤字である。ワシントンの連邦政府だけで、公表されている分だけで19兆ドル（2000兆円）ある。だから、お金がないからドイツの民間銀行をいじめ、恐喝《きょうかつ》しているのだ。トヨタがアメリカでのリコール問題で、2014年に12億ドル（1200億円）の制裁金を払わされたときと同じだ。

日本の新聞にも記事が出るようになった。

「金融危機の秋が来る？　欧州発不安、円高呼ぶ」

金融危機の秋がやってくるかもしれない。市場参加者の胸中でこんな不安がざわめいている。

引き金を引きそうなのは欧州銀の経営不振問題だ。独大手金融機関のドイツ銀行が米国での不正取引に絡み、巨額の和解金を求められている。資本増強が必要になるとの観測から、金融市場では同行の株価が大幅に下げた。欧州発の金融危機リスクに市場は身構え始めている。

ドイツ銀に対する市場の警戒の度合いが強まったのは9月15日、同行が2005年から07年にわたって違法に販売した不動産担保証券問題に関し、米国の司法省が14

0億ドル（約1兆4千億円）という巨額の和解金の支払いを要求したことがきっかけだ。その後、ドイツ政府は和解金の減額交渉を後押しする気がない、とする独誌報道を受けて懸念の声は増した。ドイツ銀の株価は、足元でユーロ導入以来の最低水準を更新している。

　不安の高まりに外国為替市場も敏感に反応している。「ドイツ銀の株価と、ドル・円の相場の推移を重ねると、動きが奇妙なほど似通っている」。

　実際にグラフで見ると、ドイツ銀の株が売られて株価が下がるのに歩調を合わせる形で、ドルに対して円が買われ円相場が上昇しているように見える。一見関係のない2つの取引が重なるのは、国際金融市場の参加者の間で、リスクが高まった際の避難（先）通貨は日本円だという固定観念（アノマリー）が出来上がっているためだ。「円相場は2ケタの円高水準の定着を試す」。足元ではドイツ銀を巡る不安が円相場を押し上げている。経営不安がささやかれる欧州の金融機関は1行だけではないためだ。

　今年春には、巨額の不良債権問題を抱えるイタリアのモンテ・デイ・パスキ・ディ・シエナ銀行の経営が危ぶまれた。7月に再建策を打ち出したばかりだ。イタリアは12月に憲法改正の国民投票も予定している。金融だけでなく政治的な側面からも不確実性が高まる。

過去を振り返ると、08年9月のリーマン・ショックや、欧州債務危機の発端となった2009年10月の〝ギリシャ危機〟も秋だった。秋に危機が起きやすい理由は定かではない。が、欧米銀の夏休みシーズンが終わったばかりのタイミングで、流動性が低く市場が乱高下しやすい。国家予算が秋に策定されることで財政問題が浮上しやすい。

（日本経済新聞　2016年9月28日　傍点と注は引用者）

いよいよ本書の書名どおり、「ユーロ恐慌」である。ヨーロッパ発の金融危機は世界と日本に波及する。このヨーロッパの危機については、P96以下でも再述する。

●黒田日銀総裁は任期満了（2018年）まで〝三次元緩和〟を続ける

黒《くろ》田《だ》東彦《はるひこ》日銀総裁が「異次元緩和《かんわ》」（2013年4月）を始めて、やがて4年だ。財務

「まだまだやるぞ、マイナス金利」

日銀・黒田東彦総裁は、
年次経済政策シンポジウム
（米ワイオミング州
ジャクソンホール）に出席
（2016年8月25～27日）

写真：時事

マイナス金利で大銀行は、1行あたり1,000億円の損が出ている。地方銀行は、青息吐息で潰れる寸前だ。本当に儲け口がない。潰れたら、即《そく》、合併吸収だ。

省が発行する日本国債（国《くに》の借金証書）を、日本銀行がさらにガブガブと買い増している。それが今年末で、合計（累積）で436兆円になる。これが「量《りょう》」の金融緩和政策である。

今年の1月29日には、黒田は「マイナス金利政策」（negative《ネガティヴ》 interest《インタレスト》 rate《レイト》 policy《ポリシー》）を打ち出して、日本を氷づけにすると決めた。「量と質」に新たに加えて「金利」からも行なう「三次元の緩和」だと自画自賛している。

黒田は勝手にひとりで強気《つよき》である。8月25日から27日にアメリカのワイオミング州ジャクソンホールで開かれた、FRBの夏合宿の会合での討論会（8月27日）に参加して、ひとりで悦《えつ》に入って盛り上がっていた。「日本のこの政策の素晴らしさを、欧米人たちは、なかなか分かってくれない」とひとりでボヤいていた。

こんなおかしなことをいつまでやる気か。その自覚がもうない。黒田は2018年4月（任期5年）まで、このまま突っ走るつもりだ。その先に待っているものが何か、を知っているはずだ。それでも今《いま》、を生き延びるために日銀の借金《デット》（資産《アセット》ではない）を増やし続けて、「タコが自分の足を喰《た》べて生き延びる」をやっている。

日本政府は「金利をもっと下げる。下げ続ける（マイナス金利）」という政策から脱出

日銀が供給する お金の量(マネタリーベース)

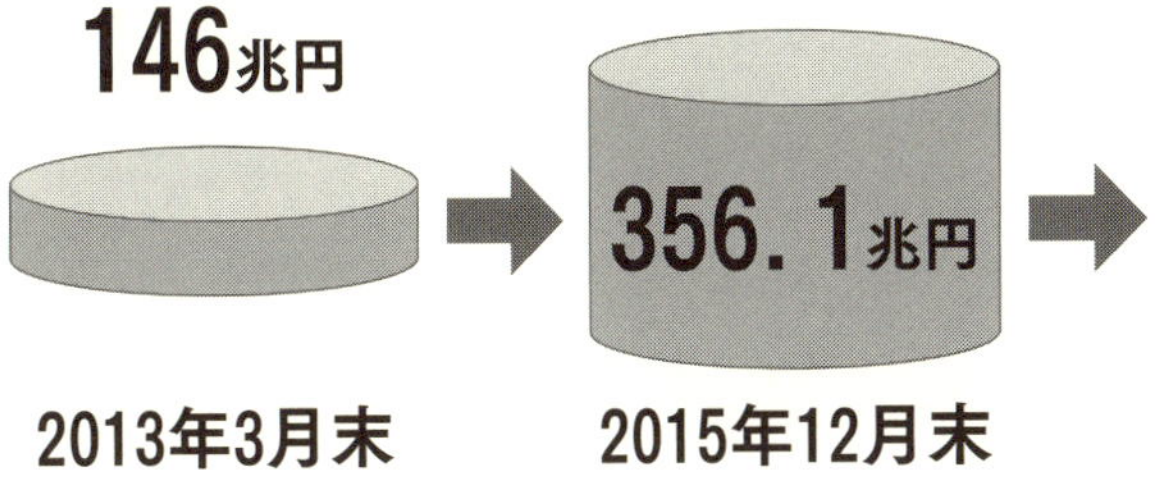

2013年 3月末	146兆円
2013年12月末	201.8兆円
2014年12月末	275.8兆円
2015年12月末	356.1兆円
2016年 5月末	386.7兆円
〃 7月末	403.9兆円
〃 8月末	404.5兆円
〃12月末	436兆円
2017年	このまま行くつもり
2018年	借金地獄への道

年間で80兆円増やしている

国債引き受けに天罰が落ちる

このまま、黒田日銀はまだやる気だ。来年も再来年も「日銀の国債買い」(タコの足喰い)を続ける気だ。「増税しないんだから、いいじゃないか」と居直っている。

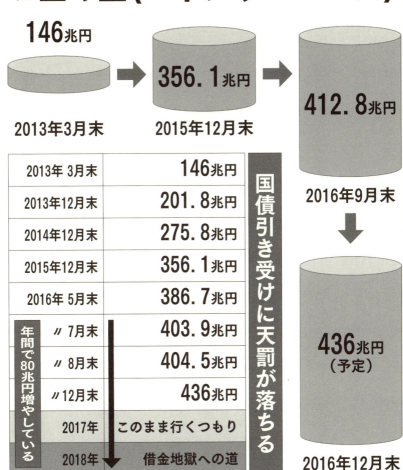

することはできない。一旦《いったん》やりだしたことは、モーメンタム（momentum 弾《はず》み、勢い、慣性）が働くから、そのまま動き続ける。それを途中でブレイキを踏んで止《と》めると、つんのめって転覆《てんぷく》して大事故を起こす。それで今のまま、おかしな危険な政策をやり続ける。「もう、こうなったら、このままやり続けるしかないのだ」というのが愚かな為政者《いせいしゃ》（権力者）が、いつも辿《たど》った道だ。「途中で引き返すことはできない」と、皆で示し合わせながら地獄（破局《はきょく》）への道をひた走る。

「借金を作り続けて生き延びる」というやり方だ。これで何とかなる、と本気で思っているとしたら、すでに狂気の沙汰だ。異次元《いじげん》飛行をやって、宇宙戦艦ヤマトが宇宙の涯《はて》まで飛んでゆく感じだ。そして最後に墜《お》ちてゆくのは、お札《さつ》と国の借金証書（国債）の紙キレの山という悲しい現実だ。

安倍政権は景気対策としてさらに金利を下げる（日銀にやらせる。①金融政策《ファイナンシャル・ポリシー》）ことと、財政出動（②財政政策《フィスカル・ポリシー》）として表面28兆円、実質で15兆円出すことを8月に発表した。これで何とか目先の当面を生き延びる。

「安倍政権最大の経済対策＝総額28兆円、秋に2次補正」

政府は、８月２日午後の臨時閣議で、第２時安倍政権移行で最大となる事業規模28兆１０００億円の経済対策《エコノミック・ポリシー》を決定した。このうち景気を直接押し上げる国と地方の財政支出（真水《まみず》）は、７兆５０００億円。複数年で執行し、第１弾は秋の臨時国会に提出する２０１６年度第２次補正予算案に盛り込む。政府は今回の対策が、国内総生産（ＧＤＰ）成長率を１・３％押し上げると試算している。

英国の欧州連合（ＥＵ）離脱で、世界経済の不透明感は増している。追加金融緩和を決めた日銀と連携して政府は「アベノミクス」を再加速し、デフレからの脱却を目指す。石原伸晃経済財政担当相は臨時閣議後に記者会見し、「（対策の実行で）民需主導の経済成長につなげたい」と述べた。

対策では、安倍政権が掲げる「1億総《そう》活躍社会」の実現に向け3兆５０００億円を投じる。保育・介護の受け皿整備や従事者の処遇改善を継続的に支援し、17年度以降も予算を確保する。給付型奨学金も創設する。また低所得者に対する１人当たり１万５０００円の給付金支給や雇用保険料の引き下げによって消費の活性化を図る。

（時事通信　2016年8月2日　注は引用者）

この「1億総活躍社会」という安倍政権の経済対策の標語《スローガン》はヒドい。無惨《むざん》きわまりない政策標語だ。ここまで惨《みじ》めで、無内容で、かつ意味不明な国家目標を私は生まれてこの方《かた》見たことがない。「1億総火《そうひ》の玉《たま》。当《あ》たって砕《くだ》けよ」という戦争中のスローガンを思い出した人が多いという。

この景気対策（2次補正予算）の総額28兆円、真水《まみず》で7・5兆円というお金こそは、まさしく日銀黒田にジャブジャブ日銀券《にちぎんけん》（お札）発行で、異次元国債を買い取り（その実《じつ》、「直接引き受け」）させて作った資金だ。何が財政資金《ファイナンス》なのか。何をか言わんや、である。

ついには、永久国債まで言い出した。「いつまでも、どこまでも国債なら発行し続けることができるから」だそうだ。

それに対して、「GPIFと日銀ETFでの株式買い」は、「いつかは必ず売らなければいけない。売れば株は暴落する」。だから、国の借金の水増しである永久国債まで言い出したのだ。「金の成る木」ですか。永久国債についてはP65でも述べる。

日本国債の
10年、5年、2年ものの利回り

マイナス金利で冷え冷え経済のまま

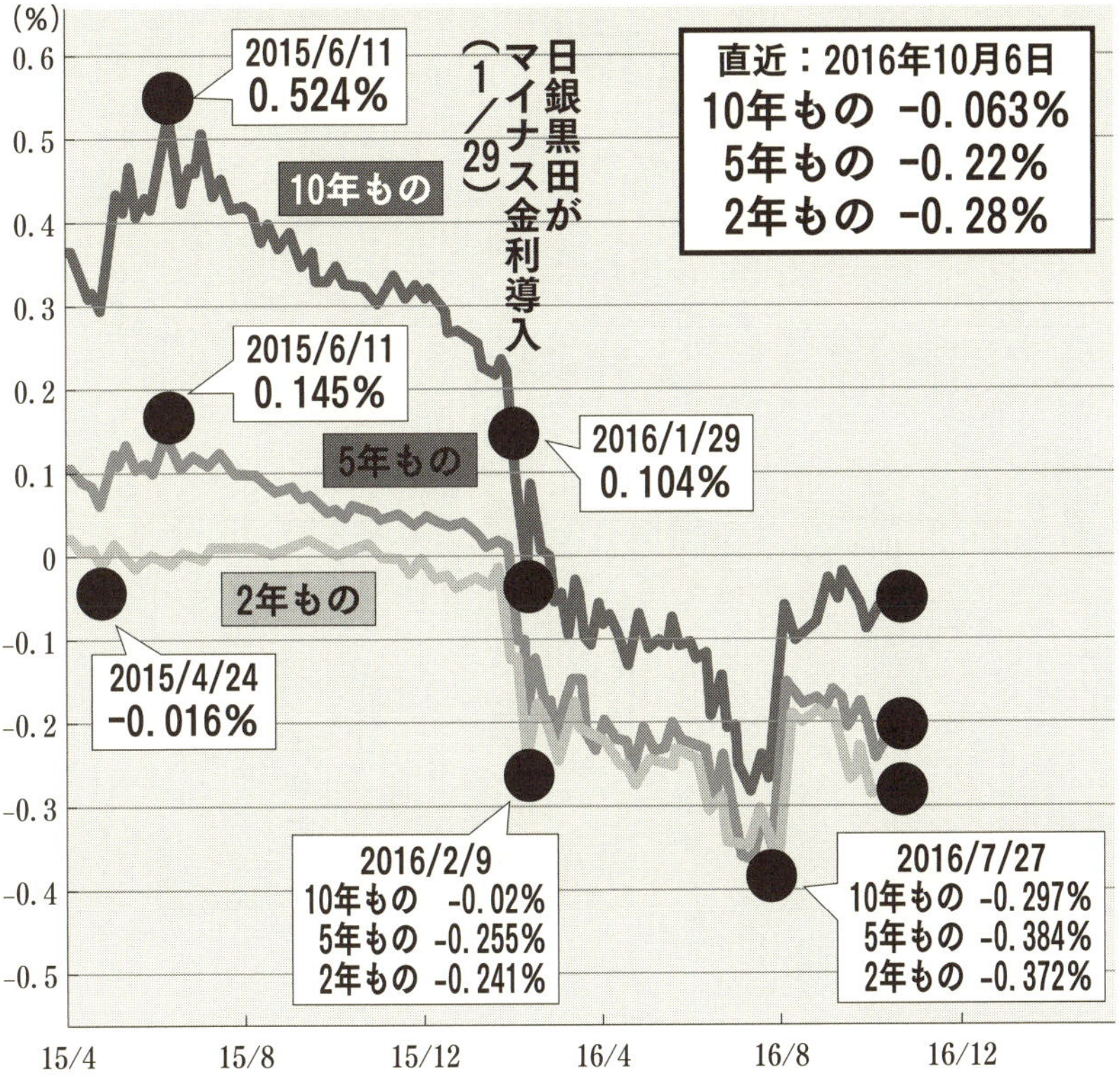

出所：財務省のデータから作成

今の「マイナス金利回り国債」（「10年もので-0.08%」）などというものは、18年前（1998年からの長銀《ちょうぎん》破綻の金融危機）まであったワリチョー、ワリコー、ワリフドーなどの「政府系銀行の無記名債」の割引債《わりびきさい》と同じだ。外国政府が買うはずだ。ウマ味が大きい。

●マイナス金利という焦土《しょうど》作戦

黒田日銀は、この1月29日にマイナス金利の導入を宣言した。そしてこの先も**「まだまだやるぞ、マイナス金利」**で、日本経済をさらに凍《こお》りつかせる。このマイナス金利政策を、自分の任期（2018年4月まで）やり続ける気だ。これは日本の景気をさらに悪化させるものだ。

私は前著『マイナス金利「税」で凍りつく日本経済』（徳間書店刊）ではっきりと書いた。日銀黒田の本心と真意は、「景気がさらに悪化すること。悪化してもかまわない」である。「その代わり、国家は安泰だ」だ。国民を犠牲にして自分たち勘定奉行が生き延びる。なぜなら、マイナス金利とは逆に、金利が上がり出したら日銀と財務省は利払いに追われる。国債が償還できなくなる。

それぐらいなら、金利を下げに下げて下げ続けて、景気を冷やし続ける気だ。それで「景気回復」や「デフレ脱却」など、死語（安倍首相も自分では使わなくなった）にした。不景気のまま、どこまでも続けばいい、と思っている。どうせ国家は、自民党安倍勢力と自分たち官僚さまのものなのだ。

だから、不景気（大不況）のまま、金利をますます下げてマイナス金利を続ける「焼《や》け野《の》が原作戦」、すなわち「国土を自分で焼いて焦土《しょうど》にする」をやればいい、と考えている。焦土作戦（scorched《スコーチド》 earth《アース》 policy《ポリシー》）である。

1812年6月にナポレオンがロシア帝国に攻め込んできたとき、ロシアがこれをやった。それからナチス・ドイツ軍が、1941年6月22日に、いきなりソ連領に侵攻（進撃）してきた。「独《どく》ソ戦の開始」だ。ドイツ側は「バルバロッサ作戦」（電撃作戦《ブリッツ・クリーグ》）と呼んだ。仰天《ぎょうてん》して焦《あせ》ったスターリンは、徹底抗戦を宣言したが、初めはどうしていいか分からず、青ざめてひたすらドイツ軍の猛攻に耐《た》えた。このときに採《と》った戦術が、焦土作戦である。ソビエト領内の、家も設備も焼いて撤退した。敵（ドイツ軍）に捕獲兵器や設備を使わせない、という作戦だ。

今、日銀黒田がやっているのは、まさしく、このマイナス金利という焦土作戦である。ヘッジファンドどもからの日本国債暴落（金利の上昇）の仕掛け攻撃を撃退するために、である。これで、大不況のまま、国民に限界まで耐乏《たいぼう》生活を強《し》いて生き残ろうとしている。あと2年、2018年4月の自分の任期いっぱいまで、黒田はこれを続けようとしている。

そしてすべての銀行預金者からは、「あなたのお金を安全に預かってあげているんだから」と、口座管理手数料（handling charge《ハンドリング チャージ》 2000円／月とか）を銀行が徴収することを政府が認めて、銀行を「生かさず殺さず」で、最低限度で営業を続けさせる気だ。銀行が潰《つぶ》れたら（破綻《はたん》したら）、即座に、他の大手に吸収させればいい。それで金融危機は防げる、という肚《はら》だ。

私は、あらゆる金利は、ゼロ金利を割って、とりわけ国債はマイナス2％ぐらいまで行くのではないか、と見ている。あと2年、今のマイナス金利政策が続くと覚悟している。

●そして日銀は「金利操作」にまで手を出した

黒田日銀は、マイナス金利の導入に続いて、9月21日に、ついに**「長期金利の操作（マニピュレイション）」**までやると言い出した。それが9月20、21日の金融政策決定会合で決まった「総括的検証結果に基づく新たな枠組み」の実施である。

これは短期金利だけでなく、これまで放置してきた長期金利のほうまで、日銀の力で統制しようとするものである。長期金利までも自分たちのコントロール下に置いて、市場《マーケット》・

日本国債のイールドカーブ

（10月6日。財務省「国債金利情報」から）

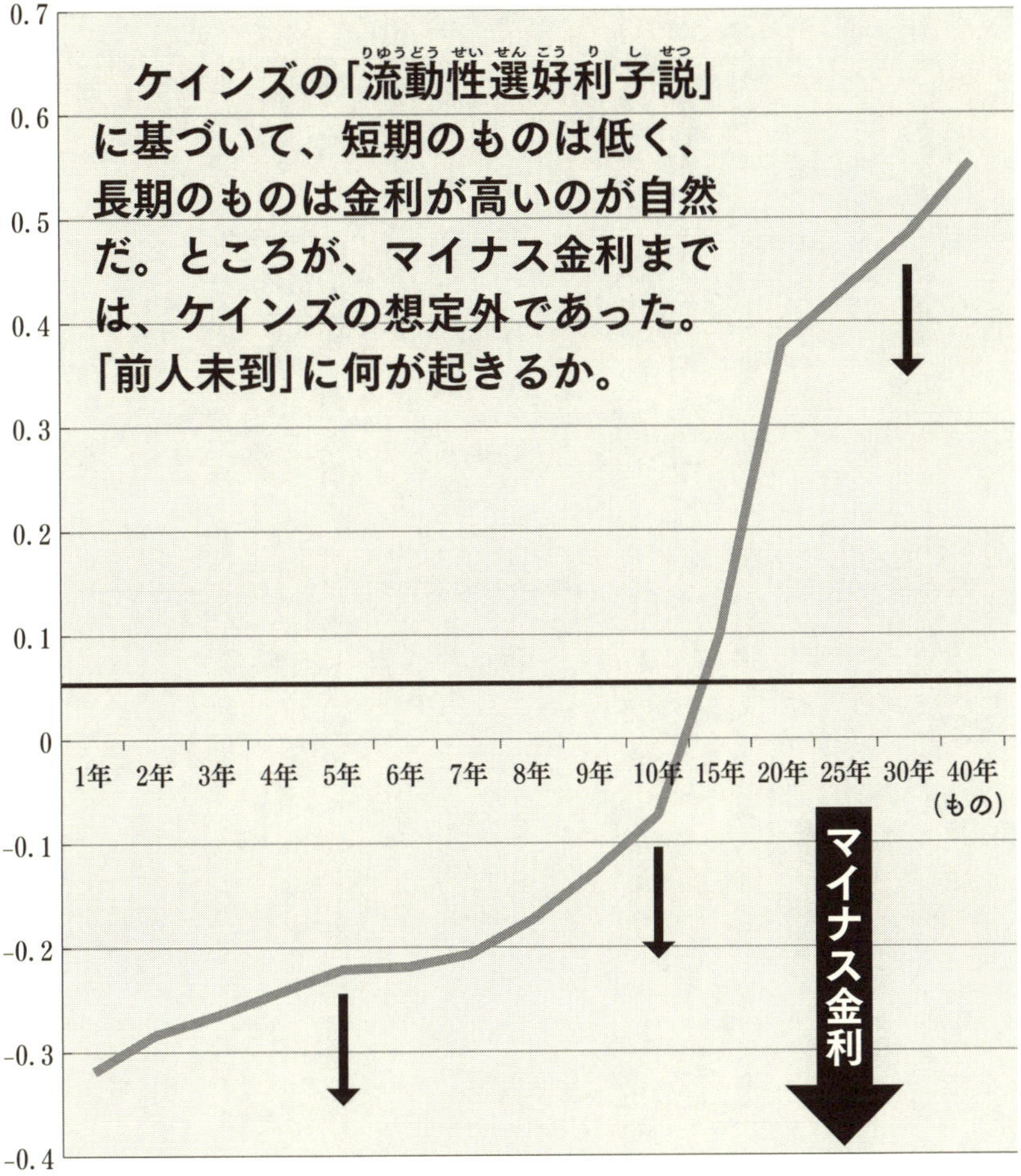

10年ものを0《ゼロ》金利に固定（釘《くぎ》打ち）しようと言っても、全体がズリ落ちて、全面マイナス金利になりそうだ。

操作《マニピュレイション》しようというのである。だから、10年もの国債の金利を0％にクギ打ち（ペグ打ち）すると発表したのである。

果たして、そんなことができるか。長期国債の利回り《イールド》（金利）まで、政府と日銀の思いどおりに動かせるようになれば、金融統制《ファイナンシャル・コントロール》は万全ということになる。だが、この国債の「利回り操作《イールド・カーブ・マニピュレイション》」が黒田東彦の思いどおりになる、とは限らない。そして、それより短期のものを深掘り《スティープニング》して、どんどんマイナス金利まで下げて、マイナス0・8％からマイナス1・0％まで行ってもいい、と考えているようだ。その代わりに、長期債（30年もの、40年もの）は1％から2％まで上昇してもいい、と考えているのではないか。

だが、10年ものを0％で固定（ペグ打ち）できず、すぐにマイナス0・3％、マイナス0・4％まで落ちようとする。実際に落ちた。すると、全体が下にズリ落ちて、やっぱりマイナス金利が加速する。国家（中央銀行）がやっていいのは、短期金利である政策（誘導）金利（昔の公定歩合《こうていぶあい》）を決めることだけである。これは歴史の教訓《レッスン》である。優良な銀行の約手（約束手形）を、日銀が割り引いて買い取ってやるのが限度である。

長期金利（1年もの以上）の利回り（金利）を政府が政策で決めることはできないのだ。10年もの国債の金利（長期金利の指標《インデックス》となる）を政策誘導することに手を出してはいけない。こんなことをやろうとする中央銀行は、世界中どこにもない。歴史の教訓に反している。きっと何かが起きる。その異変の兆候を私たちは、じっと見つめていなければいけない。どこかから、何かが決壊《けっかい》する。

「日銀、量から金利に枠組み修正」

日銀は、9月20――21日の金融政策決定会合で、過去3年半の大規模な金融緩和の「総括的な検証」を行った。その結果、金融緩和の度合いを、これまでのマネタリーベース（資金供給量）（を中心）から、利回り曲線（イールドカーブ）に変更する大幅な枠組みの修正に踏み切った。

従来の年間80兆円もの巨額国債買い入れは、（今後）1～2年中に行き詰まりが必至だ。そのうえ、超《ちょう》長期金利の過度な低下が、金融機関などの収益圧迫要因となった。このことを踏まえた苦渋の選択だ。ただし政策の持続性と柔軟性は確保された。このため、市場は円安・株高で反応した。

日銀は毎回の決定会合で、景気を加速も冷やしもしない中立的な「均衡イールドカーブ」を試算してきた。これまでの均衡イールドカーブと比べて、新たな枠組みでは、適切に緩和的なイールドカーブの水準をイメージする。そうしながら、短期金利と長期金利を決めるスタイルである。今会合では、短期金利の操作対象となるマイナス金利幅は、現行の０・１%を維持する。その一方で、新たに長期金利（10年国債金利）が、ゼロ%程度で推移するように、長期国債の買い入れを行う。長期国債の（日銀による）買い入れは、保有額が年間80兆円程度ずつ増加する現行のペースをめどとする。

（ロイター　２０１６年9月21日　注と傍点は引用者）

「イールドカーブ」とは、国債の2年もの、5年もの、10年もの、40年ものとかの、償還期限が異なる国債の金利の実勢値を、線で結んだグラフのことだ（P41のグラフ）。「利回り曲線」のことだ。普通は長期のものほど金利が高くなる。だからイールドカーブは右肩上がりになる。

黒田東彦は、10年もの日本国債の金利が、「0%《ゼロ》」になることを指標として、今後はこれを基準にして国債を買い入れると決めた。これまでの異次元緩和は、「量」（どれだけガブガブ国の借金を買い取るか）が基準だった。それと、ＲＥＩＴ《リート》（不動産投資信託）という不動産担保証券のような、どうしようもない株式もどきを「質」と称した。それを今後は、「金利」中心に変える、と。この日銀の新政策を、黒田は自信たっぷりに「イールドカーブ・コントロール」と呼ぶことにした。こんなことが果たして許されるか。

繰り返して書く。中央銀行が動かせるのは、実《じつ》社会の資金需要によって規律《きりつ》される政策金利（短期金利）だけである。金利とは、大きくは市場《マーケット》の実勢によって決まるものだ。長期金利を人為的にいじくり回してはいけない。

●市場が縮小する

金融政策決定会合の後の記者会見（9月21日）で、黒田日銀総裁は以下のように記者団の質問に答えた。

――今回、（金利を操作する）枠組みに変えた狙いは何か。

「従来のマネタリーベースや国債残高を操作目標とする枠組みよりも、経済情勢の変化に柔軟に対応できる。政策の持続性も高まる」

――イールドカーブ目標を導入する背景には、（1月に）マイナス金利を導入したことで金融機関（民間銀行）の収益を（ひどく）圧迫する懸念があったからか。

「半分、当たっていて、半分は当たっていない。マイナス金利の導入によって、貸出金利や社債金利の低下につながった（このことはよかった）。ただ、イールドカーブが過度にフラット化すると、金融機能の持続性という点で不安感をもたらす。そうなると、マインド（心理）面での悪影響は否定できない」

――金利に（政策を）シフトしたのは、量的緩和政策が（すでに）手詰まりだからではないか。

「（そうではなくて）これまでの枠組みを強化した。今後も、量でも質でも金利でも十分に対応できる。ただし、短期的にマネタリーベースの増加と期待インフレ率が密接にリンクしているわけでない」

――従来、期間10年以上の長期金利は中央銀行が操作できないとされてきたのではないか。

「リーマン・ショックの後、各国の中央銀行銀は長期国債を買い入れて、長期金利を直接に下げようとした。現に下げている。イールドカーブ・コントロールは十分できる」

黒田は完全に居直った。この日銀の「イールドカーブ・コントロール政策」を、日本取引所（東京証券取引所と大坂証券取引所が経営統合してできた）の清《きよ》田《た》瞭《あきら》ＣＥＯが批判した。

「債券・株式市場に負の影響も＝日銀の新枠組み――日本取引所の清田ＣＥＯ」

日本取引所グループ（ＪＰＸ）の清田瞭最高経営責任者（ＣＥＯ）は９月23日の記者会見で、長短金利操作の導入を柱とする日銀の新たな金融政策の枠組みについて、「債券市場の流動性は一定程度確保されるが、マイナスの影響は避けられない」と述べた。清田氏は金利操作の弊害に関し、「（流動性の低下で）市場の縮小は徐々に進んでいく。（新たな金利操作は）そう長くは続けにくい」と指摘した。

（時事通信　２０１６年９月23日　注と傍点は引用者）

この「日銀によるマイナス金利と金利操作で流動性が低下して、市場が縮小する」とは、こんなことをやっていたら、そのうち株も国債も買う人がいなくなる（市場の縮小）

ということだ。

2章

「氷づけ経済」が続く世界

●イエレンFRBは、利上げ「する、する」詐欺だ

アメリカ経済も凍りついたままである。アメリカは、景気がよさそうに見せかけているが、実際は激しいデフレ不況で苦しんでいる。FRB（米連邦準備制度理事会）のジャネット・イエレン議長は、FFレート（フェデラル・ファンド・レート＝政策誘導金利）の「利上げをする、する」と言い続けてきた。しかし、できはしない。この9月21日に開かれたFOMC《エフオウエムシー》（公開市場委員会）でも、利上げを決めることはできなかった。

言い訳だけはものすごい。「（0・25％、政策金利を）利上げする条件は整った」と言ったっきりである。「利上げの条件は整った」と、まるで利上げしたかのような言い草だ。「利上げの条件は整ったが、実際の利上げはできない」だ。この女の特徴は、口先だけで周《まわ》りを騙《だま》すことだ。

このあと残されたのは、年内2回のFOMC（11月2日と、12月14日）である。このうち、「議長記者会見つき」と決まっている11月2日での利上げは、もうできない、とさっさと逃げた。それなのに「12月14日には必ず利上げする」という態度だ。このことを指して「年に一度の利上げの約束は守られる」と言っている。何が年に一度だ？

イエレン議長は
トランプにクビにされる

写真：dpa／時事通信フォト

写真：EPA＝時事

2016年5月17日にロイターのインタビューでトランプが答えた。

「イエレン氏の仕事ぶりが悪いとは思っていない。私は個人的には、インフレ率が急上昇しない限りは、低金利を維持すべきだと考えている。インフレ率急上昇は、いつ起きてもおかしくはないが、目先はないようだ。現時点で（議長交代は）望まない。まだ任期も残っている」

「共和党から議長を出したいのはやまやまだが、私はイエレン氏の敵ではない。利上げして、ドル相場が一段と上昇すれば、われわれはビジネスができなくなる。通貨を切り下げる他の国々にやられてしまう」

前回、利上げしたのは、なんと前年2015年の末、12月16日にようやくのことでFFレートを0・25％利上げしただけだ。それ以来、今年になって一度もできていないのだ。

さすがに市場《マーケット》も、イエレンFRBの「利上げをする、する」と言ってできない、この**「するする詐欺」に嫌気《いやけ》がさしてきた。**もうみんな、厭《あ》きた。聞き飽《あ》きた。オオカミ少年ならぬオオカミ婆《ばあ》さんの、嘘つき婆さんだ。

その次の12月14日とは、米大統領選挙（11月8日）が終わったあとである。私は、ドナルド・トランプが勝つ（ヒラリー・クリントンが負ける）と予測（予言）している。イエレンたちは、来年にはトランプ新大統領から実質クビにされる（後述）。だからイエレンたちは12月14日の利上げもできない。させてもらえない。その権力がなくなっている。

「米FRB、利上げ見送り　年内1回なお見込む」

米連邦準備理事会（FRB）は、9月21日の米連邦公開市場委員会（FOMC）で金融政策の現状維持を決め、追加利上げを見送った。ただ、会合後に公表した声明文では、「利上げの条件は整ってきた」と指摘。同時に明らかにした政策金利見通しでも、年内1回の利上げを中心シナリオと提示し、引き続き早期引き締めに意欲をみせ

各国の政策金利(＝短期金利)の推移(1年以内のもの。直近3年)

先進国は、どうしてもマイナス金利になる。

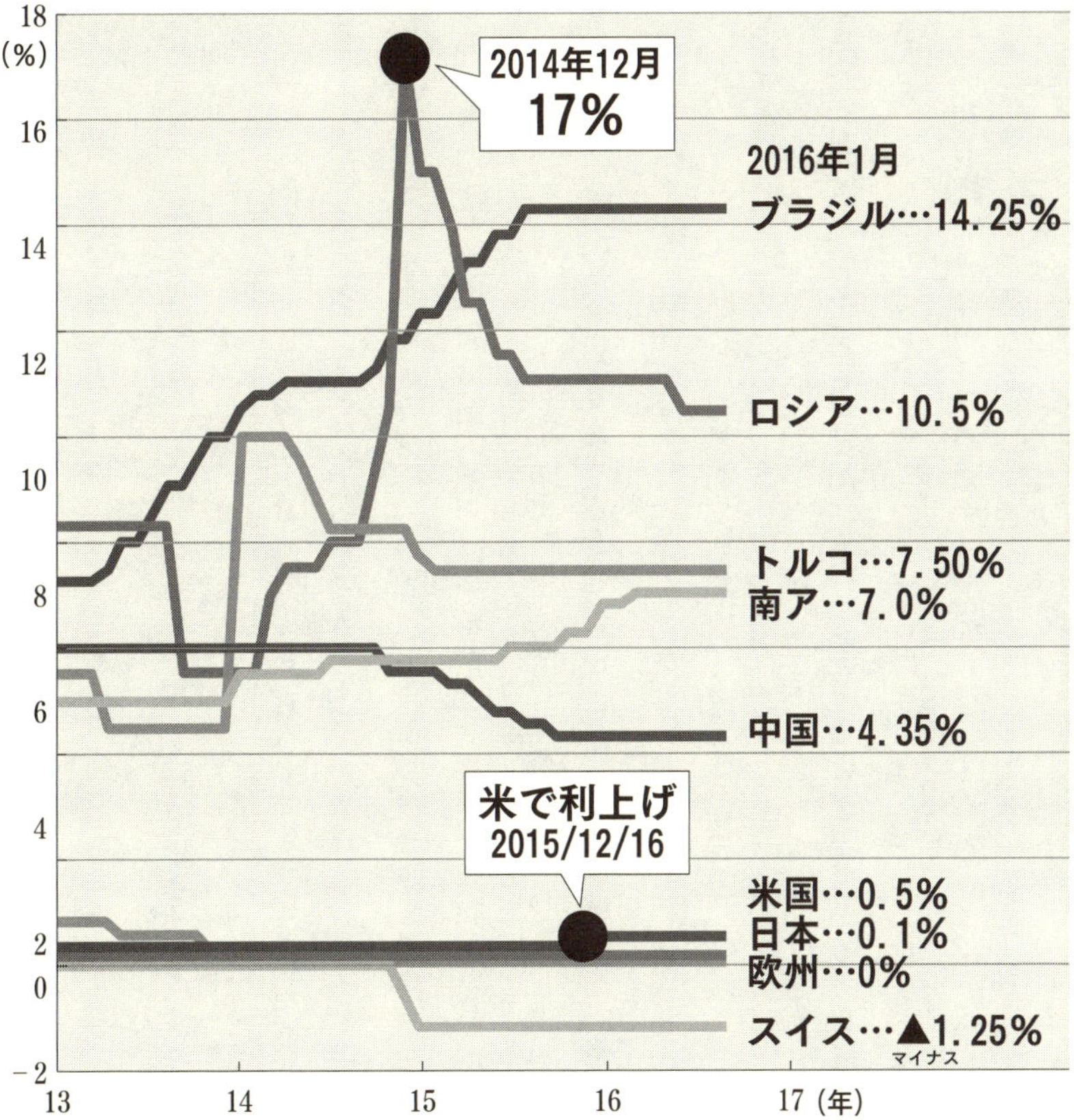

出所：各国の中央銀行

世界中、デフレ経済だから、先進国はゼロ金利から、上げるに上げられない。

た。

短期金利の指標であるフェデラルファンド金利（FF金利）の誘導目標は、年0・25～0・50％で据え置いた。FRBは、昨年12月に9年半ぶりの利上げに踏み切った（ままだ）。が、世界同時株安と米雇用の一時的な減速などで、今年1月以降は（FOMCの）6会合連続で追加利上げを見送った。

イエレン議長は、8月末の経済シンポジウム（ジャクソンホール会議）で「利上げの条件が整ってきた」と述べ、早期の利上げを示唆してきた。今回のFOMCの声明文でも（またしても）「利上げの条件が整ってきたと判断した」と同じ表現を使い続けながら、「物価や雇用の改善を見極めるためには、もう一段の確証を得る（ことが必要なのでそれ）を待つ」として利上げを見送った。

（日本経済新聞　2016年9月22日　注は引用者）


このようにオオカミ婆さん、イエレンは、利上げができないままである。私はこの2年間、自分の本たちに「イエレンは利上げできない」と書き続けてきた。だから私は、12月14日にもイエレンは利上げできない、と予測する。そして、ずるずると年を越して、ますます景気の舵《かじ》取り能力を失う。

その理由は、利上げをする、と決めたら、まず株が大暴落する。景気先行《せんこう》指標の代表（景気の先取り）である株価が大きく下落する。このことをイエレンたちは腹の底から分かっている。欧州と日本には、マイナス金利になるようにギューギューと強制しておいて、自分たちだけ金利上げムードに転じて、「さあ、経済は立ち直った。インフレ基調（景気回復局面《きょくめん》）に戻った。それでは舵取りを景気引き締めに転換しましょう」と、タカ派（hawk《ホウク》）に転じて利上げで押し切る、という蛮勇《ばんゆう》は、イエレンにはない。「アメリカの景気はよくなった。だから、利上げする、利上げする」の「するする」発言効果の、だましの口先《くちさき》宣伝ばっかりで、アメリカ経済を煽動（＝誘導）することぐらいしか、他に手がないのだ。

私は、このイエレンの「する、する詐欺」に対して、だから「イエレンＦＲＢは利上げできない」と書いてきた。どうせやるなら、「前任者のバーナンキが２０１３年５月に『ＱＥ３《キューイースリー》（金融緩和３）をやめる』と発言して大失敗して、恥をかいて辞めていったあと、イエレンはＱＥ４《キューイーフォー》（金融緩和の４番目）をやったほうがよかった。そのほうが実態、実情に合っている」と書いてきた。

のメンバーたち(2016年)

ここまで来たらタカ派のほうが正直者だ

					最近の発言
11	今年は投票権のない委員たち Alternate Members	**チャールズ・エヴァンズ** Charles L. Evans シカゴ連銀総裁		超ハト派	「2018年末までに２％のインフレを達成することはないだろう」(8/4)
12		**パトリック・ハーカー** Patrick Harker フィラデルフィア連銀総裁		ややタカ派	「ＦＦ金利は2018年末に３％に接近するだろう」(7/14)
13		**ロバート・カプラン** Robert S. Kaplan ダラス連銀総裁		ややタカ派	「利上げの時期は近づいている」(8/24)
14		**ニール・カシュカリ** Neel Kashkari ミネアポリス連銀総裁		ハト派	「インフレ率が低いので、利上げには緊急性がない」(7/13)
15		**マイケル・ストライン** Michael Strine ニューヨーク連銀第一副総裁		ハト派？	

イエレン以下、上位6人の彼らはトランプにクビを切られる

写真：getty

FOMC（連邦公開市場委員会）

インフレ容認（覚悟）で金利を付ける＝タカ派（反対票を投じる）
金利を上げるのに慎重（賛成票を投じる）＝ハト派

					最近の発言
1	委員長 Chair	ジャネット・イエレン Janet L. Yellen ＦＲＢ議長		ハト派のふりをして本当はタカ派	「雇用が改善し、追加利上げの条件は整ってきた」(8/26)
2	副委員長 Vice Chairman	ウィリアム・ダドリー William C. Dudley ニューヨーク連銀総裁		ややハト派	「次回利上げの時期が、じわじわと近づいている」(8/16)
3	委員 Members	ラエル・ブレイナード Lael Brainard ＦＲＢ理事		ハト派	「金融緩和の解除は慎重に進めるべきだ」(9/12)
4		ジェームズ・ブラード James Bullard セントルイス連銀総裁		ややハト派	「後に引き下げることを視野に入れて利上げするのはよくない」(8/26)
5		スタンレー・フィッシャー Stanley Fischer ＦＲＢ副議長		ややハト派だったが最近はタカ派	「経済が力強さを増したとの証拠は出てきている」(8/26)
6		エスター・ジョージ Esther George カンザスシティ連銀総裁		タカ派	「（今は）短期的な利上げをするのに、いい頃合いだ」(8/26)
7		ロレッタ・メスター Loretta J. Mester クリーブランド連銀総裁		タカ派	「緩和的な金融政策が支えたおかげで、アメリカ経済は大きく前進した」(9/2)
8		ジェローム・パウエル Jerome H. Powell ＦＲＢ理事		ややハト派	「2014年以降、ドル高を通じて金融は引き締まっている。これは複数回の利上げに相当する」(6/29)
9		エリック・ローゼングレン Eric Rosengren ボストン連銀総裁		タカ派	「完全な雇用を確実にするには緩やかな利上げが必要だ」(9/9)
10		ダニエル・タルーロ Daniel K. Tarullo ＦＲＢ理事		ハト派	「利上げのタイミングについて、私からコメントすることはない」(9/9)

なぜならアメリカ経済は、重い病気のまま量的緩和（QE。クオンティティティブ・イージング・マネー quantitative easing money ）というジャブジャブ・マネーだけで生き延びてきたのだから。ヨーロッパ、日本とまったく同じなのだ。それを自分だけ「さっさとデフレから脱出しました」など許されるはずがないのだ。

イエレンは、よくもまあ、この「するする詐欺」のポジション・トークだけで、2013年後半（正式就任2014年1月）から3年間も、NY株価を1万8772ドル（史上最高値。この8月15日）にまで吊り上げることに成功したものだ。彼女の、このオオカミ婆さんぶりのしたたかさには、敵ながらあっぱれ、とホメてあげたい。彼女は、もうすぐトランプから“You《ユー》 are《アー》 fired《ファイアード》！”でクビを切られて退場だ。

●ハト派なのか、タカ派なのか

P56〜57の一覧表に示した。今年のFOMCは、彼ら15人の委員のうち、上位10人だけが投票権を持っている。そのうちの3人が、「いくら何でもそろそろ利上げをするべきだ」と反対票（タカ派 hawk《ホウク》。金利の据え置きに反対）を入れた。が、7対3で利上げをしないことが決まった。ハト派（dove《ダヴ》）が勝った。

イエレン婆さんは、他に言うコトバがないものだから「利上げをする条件は整った」と、相変わらず同じことを言った。イエレンの正体は、口先だけで市場を引きずり回すことの天才だった、ということである。イエレンというのは、私たちが考えてきたよりもしたたか女だったようだ。イエレンは、ハト派（金融緩和をする。引き締めしない。ユルユルのバクチ資金が市場に流れていたほうがいい）なのか、タカ派（利上げして通貨量《マネーサプライ》を減らして、引き締めに転じるべき）なのか分からないまま、やってきた。もともとヌエみたいな女だったのだ。

前任者のバーナンキが、2013年5月22日に、「QE3（緩和の3番目）をやめる」と発言した。とたんに世界中で株が暴落した。日本が一番ヒドかった。バーナンキは、すっかり脅《おび》えてしまった。

バーナンキは「テイパリング tapering」と言って、そろりそろりと、気づかれないように、ローソクの炎が消えてゆくように（これがテイパリング）QE3《スリー》（ジャブジャブマネー）を終了して、逃げ切ろうとした。アメリカ経済を、何とかゴマかしてでも景気回復基調に乗せて、自分は花道《はなみち》（引退。任期満了）を飾ろうとした。ところが、そうはいかなかった。バーナンキは、市場関係者たちから総スカンを喰って、石で追われるように辞《や》めていった。

そのあとがイエレンだ。ホワイトハウスでのバーナンキとの交代式で、オバマ大統領の目の前でイエレンは、バーナンキを鼻であしらうように、「もう、あっちに行きなさい」と追い払った。スゴかった。その前はバーナンキの副議長を長いこと、しおらしくやっていたのに。

そして自分の番が来た。あれから3年だ。綾小路《あやのこうじ》きみまろみたいだな。もうみんながイエレンに飽《あ》きた。イエレンがお払い箱にされる番が来た。お払い箱になると決まった者に、権限（権力）があるはずがない。だから12月14日の利上げもできない。いくらやりたい、と言っても、もうやらせてもらえない。彼女も花道は飾れないのだ。

●世界経済は氷づけされたまま

日本もアメリカもヨーロッパも、今のまま冷え込んだ景気のまま〝冷え冷え経済〟が続く。私は自分の本でずっと〝氷づけ経済〟〝低《てい》体温症（体温34度の女性）経済〟〝冷えー冷

主要各国の10年もの国債の利回り
(＝長期金利。直近4年間)

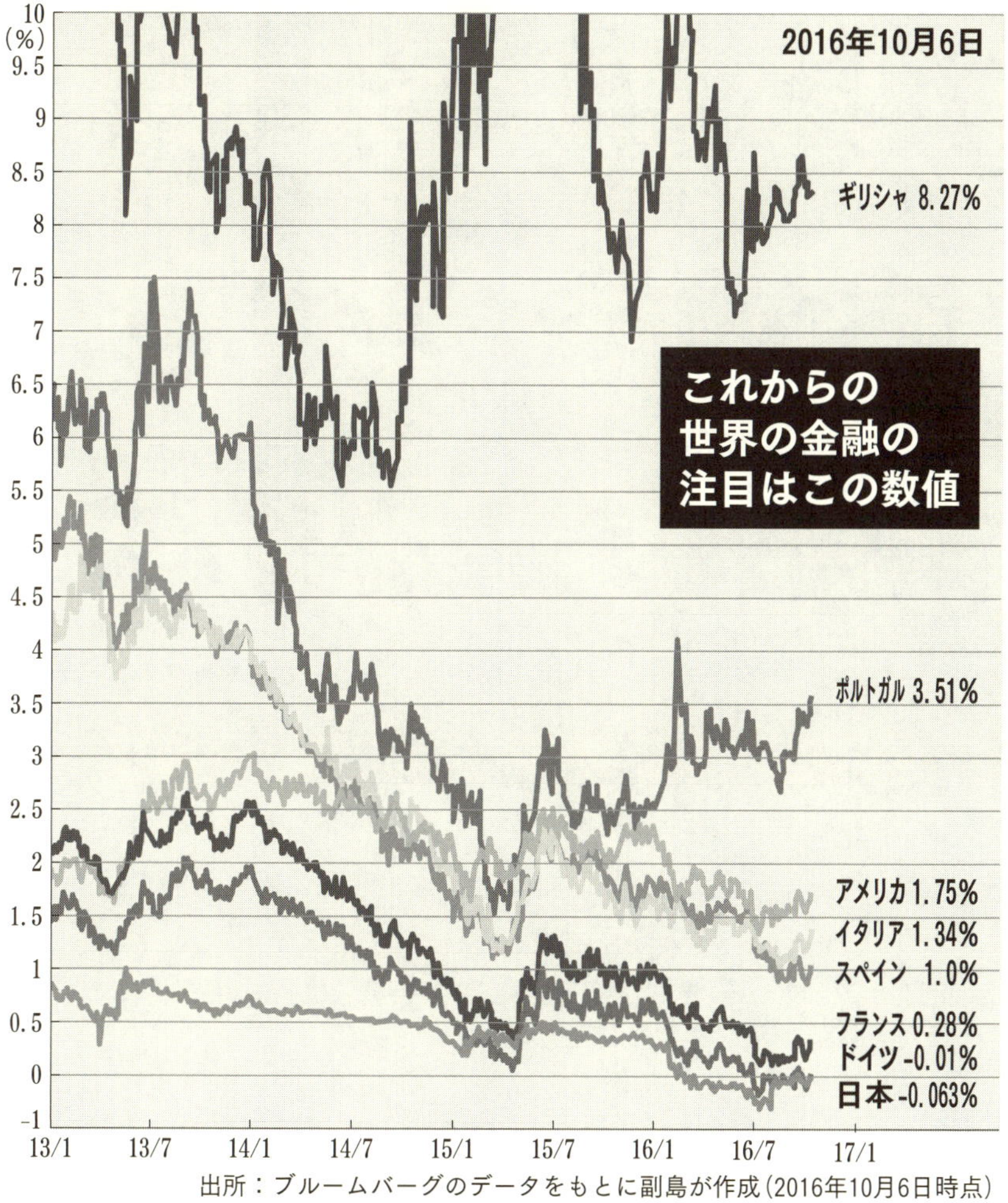

出所：ブルームバーグのデータをもとに副島が作成(2016年10月6日時点)

マイナス金利がまだまだ続く

えー経済〟と書き続けた。そうしたら、日本経済新聞が、ついに「低温経済」という記事を載せた。あらあら。以下に引用する。

「FRB、米国の「低温経済」読み切れず」

米連邦準備理事会（FRB）が、昨年12月に、9年半ぶりの利上げに踏み切って9カ月がたつ。9月も追加利上げを見送った。当初は、年4回を見込んだ金融引き締めに一度も踏み切れず、立ち往生している。1990年以降の（アメリカ経済で）金融引き締めの局面で、半年以上も追加利上げできないケースはなかった。利上げシナリオの誤算の背景に何があるのか。

「我々は、米経済と世界経済の『ニューノーマル』という難題に取り組んでいる。（我々FRBが）利上げペースを見直した理由もそれだ」。9月21日の記者会見で、イエレン議長は「ニューノーマル（新常態）」という言葉を持ち出した（引用者注。中国（習近平体制）ではあるまいに）。

同日公表した政策見通し（予定）では、利上げ回数が今年は1回、来年は2回だ（そうだ。できるかな?）。前回の引き締め局面（引用者注。2004〜06年。

“ヘリコプター・ベン”が来日して ヘリマネ＝永久国債の圧力をかけた

空からドル紙幣を撒き散らす
出所：http://www.bullnotbull.com/

官邸に安倍首相を“表敬訪問”
写真：時事通信フォト

前ＦＲＢ議長のベン・バーナンキは「ヘリコプターで空からおカネ（ドル紙幣）をばら撒けば景気回復する」と公言したことで有名。バーナンキが2016年7月11日に来日して、安倍首相と黒田日銀総裁に圧力をかけた。すると、ヘリコプター・マネー（ヘリマネ）＝永久国債の議論が湧いて出た。官邸（安倍政権）は、このことをなるべく報道させないようにしている。

〝巨匠《マエストロ》〟グリーンスパン議長のとき）では、17会合連続で利上げし、政策金利を一気に4％強も上げたのとは対照的だ。

米経済は7年もの景気拡大が続く（引用者注。ホントかよ）。しかし、成長率を平均にならすと、2・1％と戦後の回復局面では最低だ。物価上昇率も2％に届かず、横ばい。イエレン氏が言及する「ニューノーマル」とは、この低成長・低インフレが長く続く「低温経済《ていおんけいざい》」の状態を指す。

「中立金利《ちゅうりつきんり》の低下についても議論した」（イエレン氏）。経済の体温が下がれば、景気を冷やさず（かつ）過熱もさせない金利水準である「中立金利」も下がる。中立金利は、08年の金融危機（「リーマンショック」）前は2〜3％あった。が、今はゼロ近傍まで低下したとされる。

政策金利は「物価上昇率＋中立金利」が基本だ。インフレ率（物価上昇率）も中立金利もゼロ近辺まで下が（ってい）れば、（どうやってみても）政策金利をゼロから引き上げられない。米経済がこうした現状にあるからこそ、FRBは0・25〜0・50％という（現在の）政策金利から抜け出せない。

中立金利は、経済の巡航速度である潜在成長率と連れ立って動く。米国の成長率

（80～07年）は平均3％あった。が、FRBは9月21日に公表した景気見通しで、（引用者注。情けないことに）長期的な成長率を1・8％まで引き下げた。潜在成長率が金融危機以前に比べ、1ポイント強も下がったことを意味する。

（日本経済新聞　2016年9月24日　傍点と注は引用者）

●永久国債＝ヘリマネとは何か

ここで出てきた「永久国債を発行するぞ」という議論（主張）は、ベンジャミン・バーナンキ前FRB議長が、実際に日本に来て、安倍首相と黒田日銀総裁に圧力をかけた（7月11日）ときに高まった。

安倍政権（官邸）は、このことをあまり報道させるな、とメディアに圧力をかけた。だから、ヘリコプター・マネー＝永久国債の議論は、金融業界では立ち消えになっている。少ない記事のひとつがこれだ。

「日銀　事実上の「ヘリマネ」へ
物価目標達成に期待、「国債の信認」に不安」

「事実上のヘリコプター・マネー（ヘリマネ）政策じゃないのか？」

安倍晋三首相が、消費税率10％への増税の再延期を表明した6月1日夕、大手証券会社には海外の投資家からこんな問い合わせの電話がかかってきたという。

ヘリマネは、空からお金をばらまくように、国民に直接お金を配る「究極の金融緩和」だ。米連邦準備制度理事会（ＦＲＢ）のバーナンキ前議長がかつて例《たと》え話として示し、有名になった。

実際には、政府が償還期限のない永久国債を発行し日銀に直接売り、（そうやって）日銀から調達したお金を、減税や公共投資などの財政拡張に充てるという手法だ。政府はお金を返す必要がなくなり、利子も払わなくていい。

ただ、国の借金を日銀が肩代わりする「財政ファイナンス」とみなされ、国債や円の信認が損なわれる危険も大きい。

日銀の黒田東彦総裁は4月の記者会見で、「現行の法制度の下では（国債の直接購入は）できない」と明確に否定した。しかし、日銀は既に大規模金融緩和で大量の国債を買い続けている。これを市場では「事実上の財政ファイナンスだ」と不安視する声もある。

（産経新聞　２０１６年6月3日　傍点、引用者）

ベン・バーナンキ元ＦＲＢ議長は、〝ヘリコプター・ベン〟と呼ばれた人だ（Ｐ63の絵を参照）。**「ヘリコプターで、空から政府がお札（紙幣）を撒けば、景気後退《リセッション》（デフレ）から脱出できて景気回復できるのだ」**と話した。それは２００２年、ミルトン・フリードマンの90歳の誕生パーティーの会でのことだった。このときから始まった。それ以来、バーナンキはアメリカの投資家と財界人たちから〝ヘリコプター・ベン〟と呼ばれるようになった。当時は大きな期待をもって迎えられた。このあとバーナンキは、２００６年にＦＲＢ議長になった。

私は、この〝ヘリコプター・ベン〟を日本では一番多く自分の本で紹介した。２００８年に『連鎖する大暴落』（徳間書店）で、バーナンキがヘリコプターからお札を撒《ま》く有名な戯画《カートゥーン》を載せた。今回もＰ63に載せた。

だから、このヘリ・マネ（ヘリコプター・マネー）＝無制限の現金のバラ撒きのことを、私は長いこと注目、監視してきた。現金を無限に刷るには、反対勘定に国債（国《くに》の借金）を無制限に発行することが必要だ。だから、「ヘリマネ＝永久国債」なのである。

これは、「期待インフレ率目標2％」そのものである。現在の安倍政権と黒田日銀が政策の大方針としている物価目標（値《ち》達成）政策＝インフレ・ターゲティング率の2％目標値政策＝の究極の達成手法である。だが、この政策は同時に禁じ手でもある。麻薬《ドラッグ》だ。

「景気を回復させる（＝成長経済に戻る）には、おカネを無限にバラ撒くしかないんだ」と、本気で経済学者たちが言い出したら、それは発狂である。集団で言い出したら集団発狂である。いくら「これが、自分たちが学生時代（東大経済学部）の1980年代に学んだマネタリズム経済学（ミルトン・フリードマン）の真髄だ。ケインズ経済学を打ち破って登場した新しい段階の資本主義《カピタリズム》の繁栄と持続の理論《セオリー》だ」と言ってみたって、おそらく当人たちも虚《むな》しい。

「自分たちは、もしかしたら集団発狂しているのか。いくら、どうやってみても、現実のほうが動かない。政府の経済政策は効き目がない」と焦《あせ》っている。それでも、「『ヘリマネ＝永久国債』というのは、いくら何でもあんまりだ」と、やぶれかぶれで現に発狂しつつある頭に、自分たちで冷や水をかけて、「いや、これではいけない」と自粛している。これが今の日本政治の真の姿だ。浜田宏一《はまだこういち》（イェール大学名誉教授。内閣官房参与）と本田悦朗《ほんだえつろう》（駐スイス大使。前内閣官房参与）が、けしかけたのだ。

いくら、おカネと国債を限りなく発行してもデフレ脱出（脱却）はできない。ジリジリとじらされたまま、景気の低迷（経済停滞）は続く。私が自著で示し続けている、「日本のGDPは、もう20年間も4・18兆ドルだ」という恐るべき現実を国民に示さず騙《だま》したまま、自分たち政策（実行）者（policy executers《ポリシーエクセキューター》）たちの間でだけ「日本はヒドいなぁ。なんなんだよ、日本の数字がこんなにヒドいのは何が原因だよ。誰のせいなんだ?」とブツくさ言い合っている。

●中国が世界経済を牽引《けんいん》する時代

原因はアメリカだ。アメリカが日本の国家資産（国民の資金）を奪い取って、毎年、毎年、30兆円も持ってゆくから、日本はこんなに悲惨なのだ。財界人（大企業の経営幹部たち）も、このことを薄々《うすうす》知っている。しかし、みんなコワくて、こればっかりは言えない。「アメリカが悪いんだ、アメリカのせいだ」と言ったら、自分が財界サークル（経済界）から追放される、と分かっている。まともな頭をした、真実を見抜く知識力を持っている日本人なら分かっていることだ。ところがみんなで、この一点だけは隠《かく》して黙り通して押し通す。

「どうしようもないんだ。この厳しい現実から逃れられないんだ。みんな分かっているんだけど、止《や》められないんだ。このまま（の政策。アメリカに押しつけられたまま）やってゆくしかないんだ」と押し殺した感じで言う。

私は、日本の言論人として、たった一人、誰かが本当の大きなことを恐れることなく言って、本に書いて残しておかなければいけない、と思って、このように書く。

アメリカ帝国は、ガラガラと金融崩壊、ドル（信用）崩壊してゆく。そして、そのあと（中国を中心とした）新しい世界通貨（金融）体制に変動、変更してゆく。日本人が、どんなに腐《くさ》してイヤがって、嫌《きら》っても、どうせ中国が世界経済を引っ張ってゆく。そういう時代が私たちのもうすぐ目の前まで来ている。みんな分かっているくせに、認めたくないのだ。

ここで私が、現実を直視せよ、と書いたら、あなたは「何の現実だ。そんな現実などオレは認めない。お前は中国カブれの中国の手先だ」と、私に向かって言えるか。もう世界は、ここまで来てしまったのだ。そろそろ自分の負けを認めたらどうか。

現実を直視せよ、というコトバを、これほど好む国民のくせに、「世界規模の大きな現実」のこととなると、とたんに顔を背《そむ》ける。最後の捨てセリフは、「そんな現実なんかオレは見たくない。現実なんかどうでもいいんだ。イヤなものはイヤなんだ。オレは中国が大嫌いなんだ」である。

ヘリコプター・マネーと永久国債で、うまく行くわけがない、と誰でも分かる。こんなことをやっていて、いつ限界が来るか、の問題だ。

本当の本当は、日本政府は隠れて「期間80年とか100年もの」のアメリカ国債や、カリフォルニア州債、ニューヨーク市債などを山ほど買わされている。その合計額は、官民合わせて1000兆円である。この1000兆円は、日本政府が抱えている国内での累積の政府債務残高＝財政赤字である。それは、国債発行残高（赤字国債の山積み）1000兆円である。これが前記の、アメリカへの貢ぎ金の1000兆円とピタリと一致している。

「償還（返済）期限100年の国債」というのは、永久国債と同じことだ。中国（清朝《しんちょう》）が阿片《アヘン》戦争と、それに続くアロー号戦争で負けて、「イギリス（当時の大英帝国）に99年間、香港を租借地《そしゃくち》にさせられた」のと似ている。

この「満期100年ものの米国債」なるものは、市場には存在しないことになっている。すべて隠してある。しかし、実際にはある。アメリカは日本に対して、こんなヒドいことを強制して、「王様貸し」、「大名貸《だいみょうが》し」をさせられている。その総額は、だからすでに1000兆円（10兆ドル）だ。

私がこのように自著で書き続けても、財政や金融の専門家と呼ばれる人々から、これまで一度も何の批判も返ってこない。「何と荒唐無稽《こうとうむけい》なことを書くやつだろう」と驚いてみせる一般読者もいない。日本人なら、皆、腑《ふ》に落ちるからだ。そしてアメリカに「返してくれ」と言っても、どうせ返さない。アメリカは、これらの金を踏み倒すだろう。

この1000兆円（10兆ドル。1ドル＝100円だから）は、1ドル＝20円とかにドルが大暴落（ドル崩壊。IMF体制の終わり）すれば、一気に5分の1だ。そのときは200兆円（10兆ドル）返せばいい、となる。最後はチャラでパーにされるだろう。1999年からこっちの26年間で、累計1000兆円の「アメリカ支援」だ。

1ドル＝140円のときもあった。130円、120円で日本政府が買った（買わされた）米国債が山ほどある。それらもすべて、1ドル＝20円になったら20円だけ返せばいいのだ。だから、ドルは暴落して、ドル信用崩壊（アメリカによる世界一極支配の終わり）は近づいているのである。

「まさか、そんな」「そんなことはあり得ない」と思いたい人は思えばいい。私の知ったことではない。私は、今のまま、この「米ドル崩壊→新しい世界体制へ」を主張し続ける。今、ヘリコプター・マネー＝永久国債をやるべきだ、と唱《とな》えている経済学者や官庁エコノミストは、次の時代には、もう生き残っていない。名前も残らないで海のモクズとなって消えている。

あのワルのジョゼフ・スティグリッツが、「ワールド・エコノミック・フォーラム」World Economic Forum というウェブサイト上で、日本のとるべき経済プランを提案した。

「日本政府が債務の一部を低利子の永久債と交換する。これにより、その部分の債務リスクを完全に切り離すことができる」だそうだ。

永久国債とは、政府が金利のないお金と政府債務（借金）を交換してもいい、という考えだ。長く恐れられてきた「政府債務のマネタイゼーション」だ。マネタリー・ファイナンスは、決して有利子永久債との債務交換よりもインフレを引き起こす可能性が高い。「しかし、それは悪材料ではない。ゆっくりやればいい」という考えだ。こんな危険なことを、いつまでやる気か。

3章

追いつめられた銀行

●なぜ三菱ＵＦＪは「特権」を投げ捨てたのか

黒田日銀のマイナス金利政策は、日本の銀行の経営をひどく圧迫している。これでは、民間銀行は立ち行かない。本当に弱小銀行は今にも破綻しそうだ。マイナス金利では、もう銀行業には儲け口（収益源）が何もない。ここまで銀行業を圧迫するのは問題である。〝銀行殺し〟だ。それで三菱東京ＵＦＪ銀行が、7月15日に**「国債市場特別参加者（プライマリー・ディーラー）」**の資格を投げ捨てたのだ。

このプライマリー・ディーラー primary dealer というのは、昔の「シ団」（シンジケート団）である。大銀行が国債を入札するときに、財務省と話し合いができたり、限られた入札に参加できたりの特権的な待遇を受ける。その代わり、国債が発行されるたびに1行で全体の4％以上を応札《おうさつ》（消化）しなければいけない。

三菱ＵＦＪは、22社（銀行3、証券会社19）で作るプライマリー・ディーラーの筆頭格だった。その三菱ＵＦＪが資格を返上して投げ捨てた。これは日本政府（財務省）にとっては、一大事である。財政政策（フィスカル・ポリシー）遂行上の大きな打撃である。

三菱ＵＦＪをはじめとする日本のメガ銀行は、実はすでに3年前から「もう長期国債は買わない。短期の1年ものしか買わない」「長期のものは短期のものにどんどん入れ替える」と、公然と動いていた。

この三菱UFJと財務省の、「返上」直前の動きを活写した日本経済新聞の記事を載せる。

「田中財務次官、最後の日に引き受けた「汚れ仕事」」

「しばらくはゆっくりしたいと思います」。中央省庁の幹部人事が発令された6月17日夕。財務省の事務方トップ、財務次官を同日退いた田中一穂《たなかかずほ》氏（60）は関係者への挨拶回りで安堵の笑みを浮かべていた。

4日前の13日。三菱東京UFJ銀行の小山田隆《おやまだたかし》頭取（60）が、国債入札の特別資格返上の意向を伝えるため田中氏に接触していた。「（当行が）国債のマイナス金利化が進みプライマリー・ディーラー（国債市場特別参加者）として落札業務をすべて履行していくのはちょっと難しい環境が生まれている」（10日の大阪での記者会見）。そんな考えを自らの口から財務省幹部に伝えようというこだわりは小山田氏なりの誠意の示し方だった。

プライマリー・ディーラーの資格をもつ3メガ銀と証券の22社は、当局との対話機会が与えられる。その代わりに国債入札で一定の義務を負う。市場参加者のいわばリーダー役だ。大量の国債を将来にわたって安定消化する要の仕組みとして2004年に導入された。三菱UFJフィナンシャル・グループの系列証券2社が資格を維持する。とはいえ、最大手メガ銀が脱退する意味は重い。

「三菱UFJ幹部が会いたいと言ってきても会う必要はない」「環境が悪いときに辞めるのであれば、将来また入りたいと言ってきても認め（たく）ない」――。資格を返上したいという水面下の打診に財務省は慌てた。「元来、三菱UFJは国債市場への責任感が強い銀行」（金融庁幹部）とされていただけに、関係者のショックは計り知れない。

（日本経済新聞　2016年6月21日傍点、引用者）

この記事の見出しにある、官僚トップの財務省次官が「最後に引き受けた汚れ仕事」とは何なのか。それはまさしく、三菱UFJがプライマリー・ディーラーの「座《ざ》仲間特権」を内々《ないない》に言上《ごんじょう》して突き返した（返上した）ことを受けやめて、この事態までは自分の責任とする、という「汚れ仕事」なのだろう。

このとき財務省が、三菱ＵＦＪと、サシでどういう取引、駆け引きをしたかは分からない。おそらく三菱ＵＦＪの幹部たちは、「もう政府（国）のお世話にはなりません。このままだと、ウチ（当行）も危ないので。国際金融市場（外国）で利益を出して、何とか生き延びます」と言ったはずだ。財務省としては、自分たちがアメリカと自民党安倍派の言いなりになって、不甲斐ない。惨めな自分たちの姿があるから、「分かりました」としか言えなかっただろう。

この三菱ＵＦＪの小山田隆頭取が、ブルームバーグのインタビューに答えている。

「三菱ＵＦＪ銀頭取、日銀にマイナス金利の副作用検証を要望」

三菱ＵＦＪフィナンシャル・グループ（ＭＵＦＧ）傘下の三菱東京ＵＦＪ銀行の小山田隆頭取は、日本銀行が来週の政策決定会合で、マイナス金利の副作用について考慮してほしいと述べた。同政策が（銀行業の）融資の利ざやを圧迫し続けていると訴えた。

同頭取はインタビューで、「マイナス金利と厳しい競争環境によって利ざやが圧縮される状態が続いている。従って全体としての純金利収入が増える公算は小さく、増加するとは考えにくい」と語った。

日銀がマイナス金利導入方針を打ち出した（2016年）1月以降、日本の銀行は融資事業で利益を上げるのに苦戦している。（経済）成長とインフレ押し上げ（という目的のため）へのマイナス金利の効果があまり見られない。この中で、銀行幹部や議員から政策への批判が出ている。日銀は9月20、21日の会合後に「総括的検証の結果」を発表するが、一部エコノミストは、マイナス金利深掘りを予想している。

小山田頭取は9月15日、訪問中のシンガポールで、「日銀と対立したり日銀に反対したりするわけではない」とした上で、「マイナス金利は、長期的には実需を生み出したりポートフォリオの再配分を促すという意図した効果を生むかもしれない。が、副作用もある」と指摘。「日銀がその副作用と実際に表れる様子を詳細かつ綿密に検証することを望む」との考えを示した。

黒田東彦日銀総裁は今月（9月）、マイナス金利が「金融機関の収益に打撃を与えている」と認めたものの、「融資への悪影響は出ていない」と述べていた。

日銀の総括的検証には、イールドカーブのフラット化の利点と、問題点の検討が含まれると事情に詳しい関係者が明らかにした。

小山田頭取は、「イールドカーブがスティープ化すれば、投資機会と投資からの利益が増える」として、「従って比較的望ましい展開だ」と語った。「（しかし）マイナス金利深掘りはスティープ化の効果を打ち消す」とも指摘した。中銀のマイナス金利政策への対応として、「個人や企業顧客の預金に（スティープ化を理由として新たに上積みの）金利を課すのは難しい。預金者の理解を得る必要がある」と述べた。

（ブルームバーグ　2016年9月16日　注と傍点は引用者）

●銀行に預金するだけで「手数料」を取られる日

銀行の経営が悪化すれば、そのツケは私たち預金者に回ってくる。三井住友銀行の頭取が、「手数料の導入」を言い出した。**預金に利子《りし》を付ける、どころか口座手数料を取る、**という動きになりつつある。

「マイナス金利、7カ月経過しても実体経済への効果表れず　全銀協会長」

全国銀行協会の国部《くにべ》毅《たけし》会長（三井住友銀行頭取）は9月15日の定例会見で、日銀のマイナス金利政策について、「導入から7カ月が経過するが、実体経済への効果はあまり表れていない」と述べた。

国部会長は、マイナス金利政策について、「個人や企業の資金調達コストの低下などのメリットが生じている」としたものの、「企業や個人の運用収益の減少をもたらしている」とし、「顧客企業からは前向きな活動を促進するという声は聞こえていないのが現状だ」と語った。

「銀行収益にもマイナスの影響を与えている。（マイナス金利が）深掘りされれば、（預金口座手数料導入の）検討をしなければならない事態になる」と説明した。

（ロイター　2016年9月15日　傍点、引用者）

「今以上にマイナス金利が深掘り（さらに金利が低くなる）されれば、預金口座手数料を導入する（ことを検討する）」と、銀行協会はビクビクしながらだが、表明した。三井住友だけではなく、三菱も検討していることが報道された。恐ろしいことだ。銀行にお金を預けたら、利子どころか、反対に私たち預金者（国民）は口座を維持する手数料を銀行から取られることになりそうだ。この口座維持の手数料が預金金利よりも高ければ預金残高が少しずつ減る。ついに来たか、という感じだ。

この口座「管理」手数料や、1件あたりの取扱い手数料（ハンドリング・チャージ）の導入は、アメリカの銀行では20年ぐらい前から当たり前のことになっていた。銀行にお金を置いておくだけで、手数料をかけられて、元金《がんきん》がどんどん目減りしてゆく。この事態が日本にも襲いかかってくる前ぶれである。「お金《かね》を安全に預かってやっているんだから、カネ（手数料。コミッション）を払え」という理屈だ。

人類の歴史で、銀行業というものの意味が大きく変化しつつある。銀行は預金者（国民）から預《あず》かった金《かね》を集めて、資金として運用するのが仕事だった。しかし今はその運用先を失っている。デフレ経済（大不況）というのは実に恐ろしいものだ。ということだ。銀行が、「もう預金は要《い》りません。利子を払いたくないので」という前代未聞の時代が到来したのである。

マイナス金利が、国民に押し付けられて、シワ寄せが来つつある。今のところ、この預金口座手数料は、大企業など大口の法人顧客の普通預金口座を対象とするので、中小企業や個人からは取らないと大銀行は言っている。が、そんなことは分かるものか。

黒田東彦が「まだまだやるぞ、マイナス金利」で金利の深掘り、、、、(steepening スティープニング)をやればやるほど、銀行の経営は逼迫《ひっぱく》する。だから銀行は、個人の口座にも手数料(預かり賃)をかけるようになるだろう。そのうちATMでの引出手数料だって、500円という恐ろしい事態が出現するかもしれない。

●日経平均を〝上げ底〟している者の正体

日本の株価は、1万7000円割れのままダラダラと動かない。左のグラフのとおりだ。例の年金資金を株に投入するGPIF《ジーピーアイエフ》(年金基金管理運用独立行政法人)の140兆円(このうち25%を日本株に投入)で何とか買い支えている。株価を一所懸命に吊り上げても、こんなものだ。ここから上に再上昇の気運はない。

これに加えて日銀が、日銀ETF《イーティーエフ》で、株と日本国債を買い上げている。P86〜87とP89の表に、その一覧を載せた。これらの有名銘柄(業績のよい優良企業の株)を買い取っ

日経平均株価の推移

(2011年〜6年間)

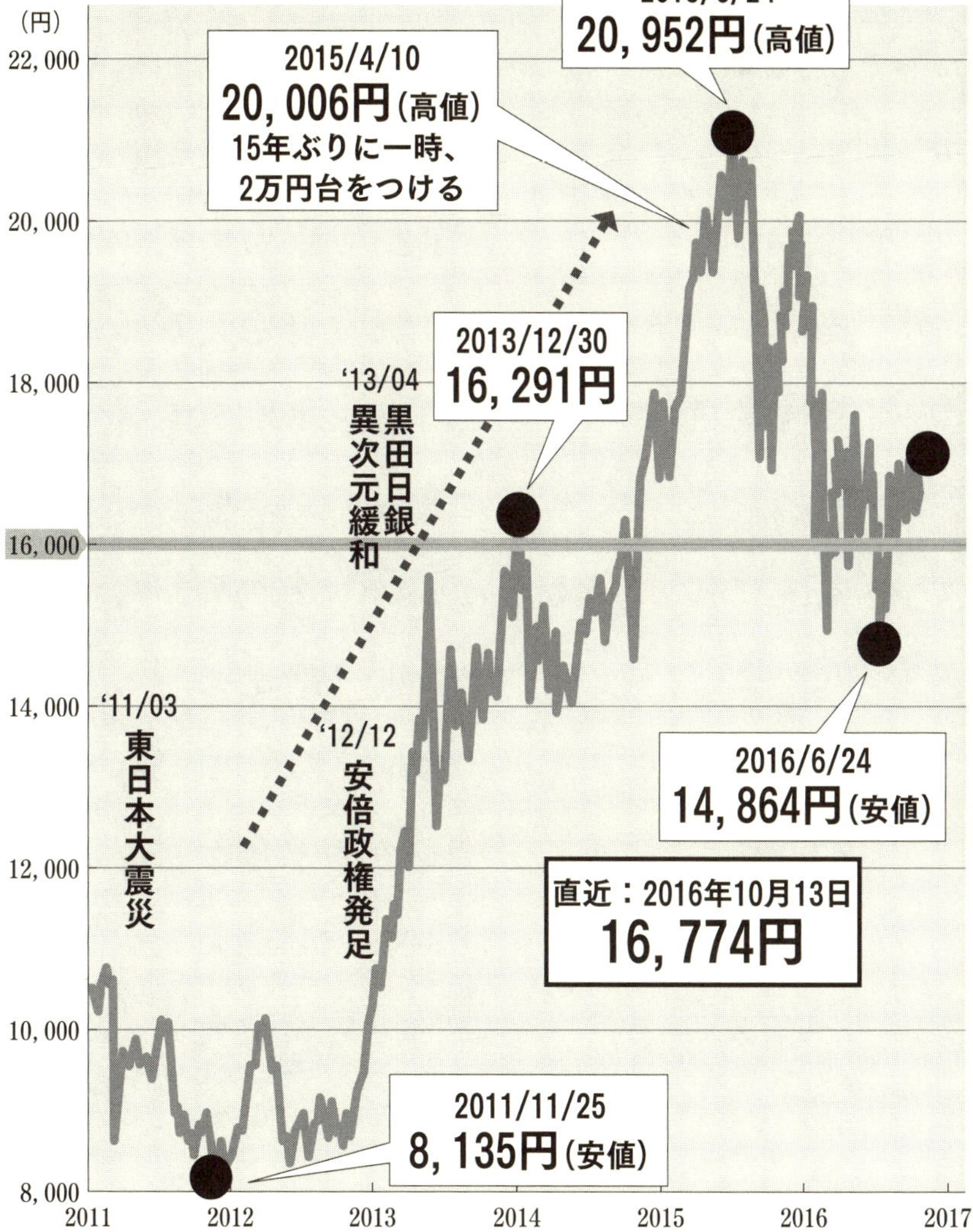

出所：Yahoo! ファイナンス

アベノミクス株価吊り上げをやったが、結局ダメだった。

（時価総額順）

ＧＰＩＦが発表した2015年3月末時点での保有銘柄。これを基に直近の時価総額、発行済み株式数からＧＰＩＦが買っている銘柄の時価総額と保有比率を推計した。

	証券コード	銘柄名	時価総額	保有株式数	保有比率	順位
16	8058	三菱商事	2779億円	1億1300万株	7.1%	2位
17	6758	ソニー	2748億円	8615万株	6.8%	2位
18	7201	日産自動車	2731億円	2億2000万株	4.9%	2位
19	8766	東京海上ホールディングス	2652億円	5800万株	7.6%	1位（筆頭株主）
20	9022	東海旅客鉄道（ＪＲ東海）	2623億円	1200万株	5.8%	1位（筆頭株主）
21	8802	三菱地所	2594億円	9300万株	6.7%	1位（筆頭株主）
22	9020	東日本旅客鉄道（ＪＲ東日本）	2550億円	2630万株	6.7%	1位（筆頭株主）
23	6752	パナソニック	2500億円	1億5750万株	6.4%	1位（筆頭株主）
24	9437	ＮＴＴドコモ	2464億円	1億1600万株	2.9%	3位
25	6981	村田製作所	2435億円	1463万株	6.5%	2位
26	8801	三井不動産	2370億円	6696万株	6.8%	2位
27	5108	ブリヂストン	2278億円	4730万株	5.8%	2位
28	4452	花王	2267億円	2780万株	7.5%	1位（筆頭株主）
29	6861	キーエンス	2200億円	333万株	5.5%	4位
30	8591	オリックス	2119億円	1億2300万株	9.3%	1位（筆頭株主）

GPIFが買っている日本株

	証券コード	銘柄名	時価総額	保有株式数	保有比率	順位
1	7203	トヨタ自動車	1兆5500億円	1億8200万株	5.4%	4位
2	8306	三菱ＵＦＪ フィナンシャル・グループ	8229億円	10億9000万株	7.7%	1位（筆頭株主）
3	8316	三井住友 フィナンシャルグループ	5172億円	1億1000万株	7.8%	1位（筆頭株主）
4	7267	本田技研工業	5100億円	1億2900万株	7.1%	1位（筆頭株主）
5	9984	ソフトバンク	4800億円	6864万株	5.7%	3位
6	9432	日本電信電話（ＮＴＴ）	4210億円	5623万株	2.7%	4位
7	8411	みずほ フィナンシャルグループ	4155億円	19億3600万株	7.7%	1位（筆頭株主）
8	9433	ＫＤＤＩ	3910億円	1億4200万株	5.3%	5位
9	6954	ファナック	3678億円	1394万株	6.8%	3位
10	7751	キヤノン	3430億円	8076万株	6.1%	2位
11	4502	武田薬品工業	3257億円	5350万株	6.8%	1位（筆頭株主）
12	2914	日本たばこ産業（ＪＴ）	3209億円	8443万株	4.2%	3位
13	4503	アステラス製薬	3208億円	1億6174万株	7.3%	1位（筆頭株主）
14	6501	日立製作所	2954億円	3億5627万株	7.4%	1位（筆頭株主）
15	3382	セブン＆アイ・ ホールディングス	2933億円	5764万株	6.5%	2位

て、累計で35兆円の残高（GPIFが26兆円、日銀ETFが9兆円）になっている。日銀はすでに、ヤマハやソニー、ファーストリテイリングなどでは筆頭株主になっている。発行総数の6〜7％を保有する堂々たる筆頭株主だ。これでは国家社会主義だ。

日本の株式市場を、GPIFと日銀ETFが買い支えて、それでも日経平均はやっとのことで1万6500円前後なのだ。**このうち1500円から2000円分は、GPIFと日銀ETFが下駄を履《は》かせている分だ。**だから日本株は、本当は1万5000円の実力しかないのである。これが1000円でも落ちたら、一瞬で1万3000円台だ。

これが、政府が主導して行なっている今の経済政策である。みっともないかぎりだ。安倍政権もアメリカのオバマ政権も、株価を何とか人工的に（政策で）吊り上げて、「景気がいい」ことにしている。だから、これは日本が金融統制《とうせい》体制に向かう道筋の途中にいる、ということだ。私はこのことを、もう10年以上、書き続けている。

「株価操作、金利《きんり》操作、為替《かわせ》操作、通貨量《マネーサプライ》操作、年金《ねんきん》操作」は、統制経済《コントロールド・エコノミー》へと着々と進む準備であり、「冥途《めいど》（へ）の旅の一里塚」である。「目出度《めでた》く、なんかない」よ（「門松は冥土の旅の一里塚　目出度くもあり目出度くもなし」という狂歌がある）。私たち国民は、身構えて、身を引き締めて、この事態の進行を自覚して見つめるべきだ。そし

日銀ETFが買っている株の一覧

（保有比率順）

	銘柄	保有比率		銘柄	保有比率
1	ミツミ電機	11.2%	16	日本化薬	5.7%
2	アドバンテスト	9.8%	17	クレディセゾン	5.7%
3	ファーストリテイリング	9.0%	18	日清紡ホールディングス	5.6%
4	太陽誘電	8.3%	19	京セラ	5.5%
5	TDK	7.9%	20	テルモ	5.5%
6	東邦亜鉛	7.4%	21	東京ドーム	5.4%
7	トレンドマイクロ	7.2%	22	アルプス電気	5.4%
8	コムシスホールディングス	7.1%	23	ファナック	5.4%
9	コナミホールディングス	6.9%	24	ヤマハ	5.3%
10	日産化学工業	6.6%	25	太平洋金属	5.3%
11	日本曹達	6.6%	26	日本ハム	5.2%
12	東京エレクトロン	6.4%	27	キッコーマン	5.1%
13	日東電工	6.1%	28	北越紀州製紙	4.9%
14	オークマ	6.1%	29	宝ホールディングス	4.8%
15	三菱倉庫	5.9%	30	東海カーボン	4.8%

出典：ニッセイ基礎研究所の発表資料から（2016年7月末時点）

て大事なことは、「自分だけは騙《だま》されないぞ。政府の罠《わな》に嵌《はま》らないぞ。警戒するぞ。用心するぞ」と、注意力を高めることだ。そのために、私、副島隆彦の本がある。

私は、お為《ため》ごかしの言論煽動はやらない。お為《ため》ごかしとは、「人のためになると見せかけておいて、本当は自分の為《ため》に利益を図《はか》ること」だ。そうやって、「日本はふたたび大繁栄する」、「株式の大相場が来る」と、さんざん投資家を煽動する本を書いた人たちがいた。彼らはみんな自滅した。ウソばかり書いたら、信用をなくすに決まっている。

●日本の銀行は国有化されてゆく

大企業の他に、日本の銀行だって、これからどんどん実質国有化されていく。その流れにある。メガバンクの**三菱ＵＦＪと三井住友の筆頭株主は、すでにＧＰＩＦなのである**（P86〜87の表）。日本の銀行は、国家独占金融資本主義の時代に入っている。これは、ルドルフ・ヒルファーディングの大著『金融資本論』"Das《ダス》 Finanzkapital《フィナンツカピタル》"（１９１０年刊）の段階を、はるかに超えている。ヒルファーディングは、オーストリアの財務長官も務めた優れた経済学者だが、ナチス・ドイツに殺された（１９４１年）。

地方銀行の衰弱はひどいものだ。貸付先が枯渇《こかつ》して、何もない。外資ファンドが「資金を出すから」と、そのバクチの資金に手を出して、外債《がいさい》（米国債）や日本国債を買うしかなくなっている。

日本国債で、日計《ひばか》り（超短期）で運用して、わずかな利益を出すしかない。あるいは米国債を買うしかないようにさせられる。逃げ道を誘導されるのだ。わずかばかりの利ザヤが取れる（米国債の10年ものは年利1・6％ある）。金利スワップと為替スワップで取引を組み合わせて、何とか利益を出している。

銀行の資金運用部の自己勘定取引（アプロプリエタリー・ディーリング）で、バクチそのもののリスクを取って、利益を出している。売った、買った、の丁半賭博《ちようはん》である。だからこのことを指して、前述（P79）した三菱ＵＦＪの小山田隆頭取が、ブツブツと日銀のマイナス金利政策に文句を言ったのだ。次のように。

「イールドカーブがスティープ化すれば（利幅が作られる。フラット化しない。すなわちベタッと全部ゼロ金利になるのではない）、（我々、民間銀行にとっては）投資機会と投資からの利益（金融市場で、為替差益と金利差《さ》を狙ってバクチを張って）が増える」。だがしかし、「マイナス金利の深掘りは、スティープ化の効果を打ち消す」。すなわち、いくら

進国は長期（500年）で、
法則で今の日本も苦しんでいる。

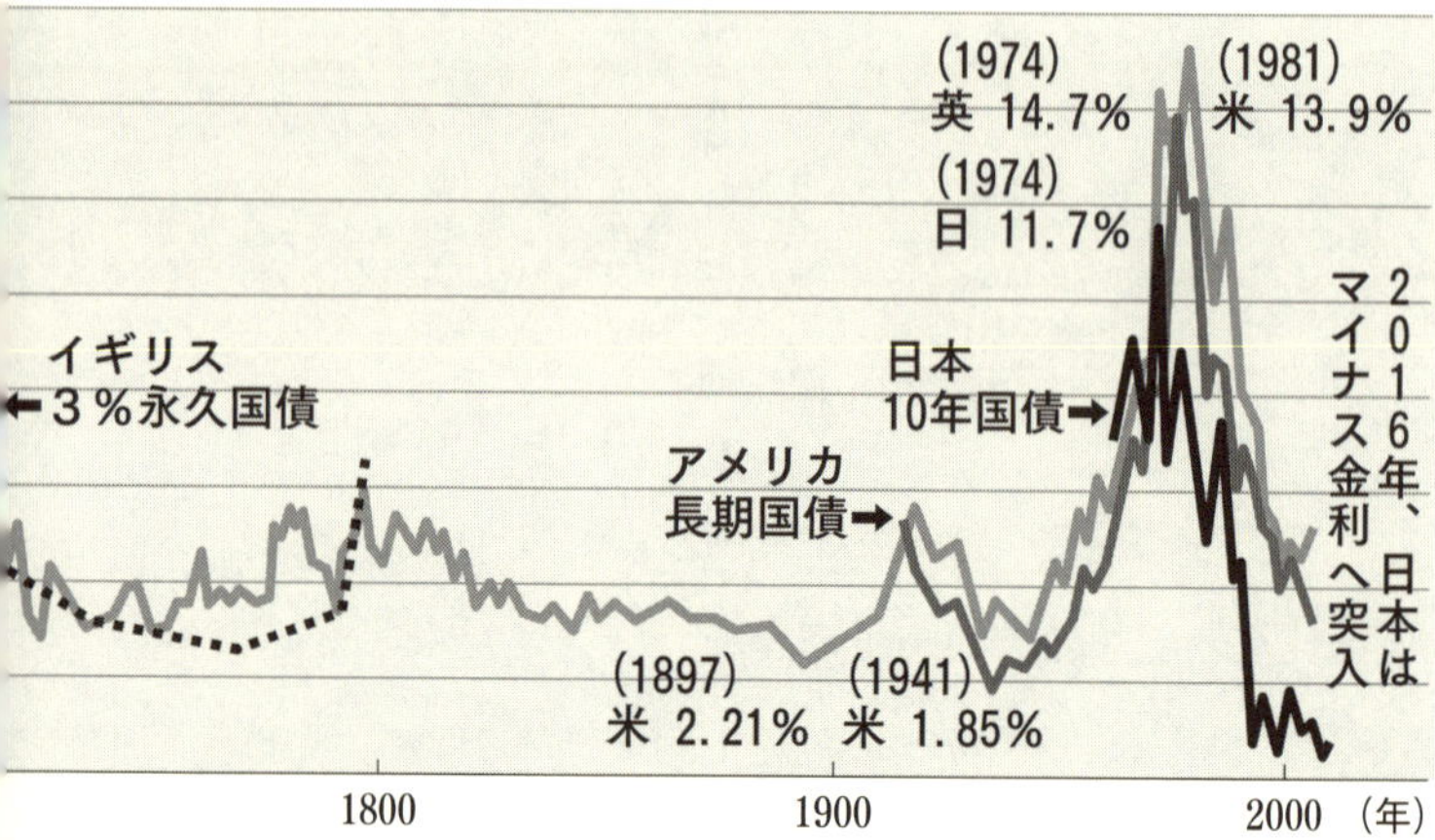

出所：水野和夫『資本主義の終焉と歴史の危機』（集英社新書）P14-15を元に作成

何でも、さらにマイナス金利を底なし沼でやられると、やっぱり利益を出せなくなる、と言っているのだ。民間銀行はじり貧状態になっている。

●先進国の金利は低下する――歴史の法則

低金利であるということは、人類の長い歴史で見れば、民衆にとってはいいことである。金利は、国民や中小の経営者（商売人）にとっては安いほうがいい。しかし、大企業や銀行にとっては、いいことではない。この現象は「自然利子率《ナチュラル・インタレスト・レイト》の歴史的な自然低下の傾向」と言って、利益率のものすごい低下となって現われた。

経済史（経済の歴史学）が教える。先
金利が２％にまで落ちた。この鉄の

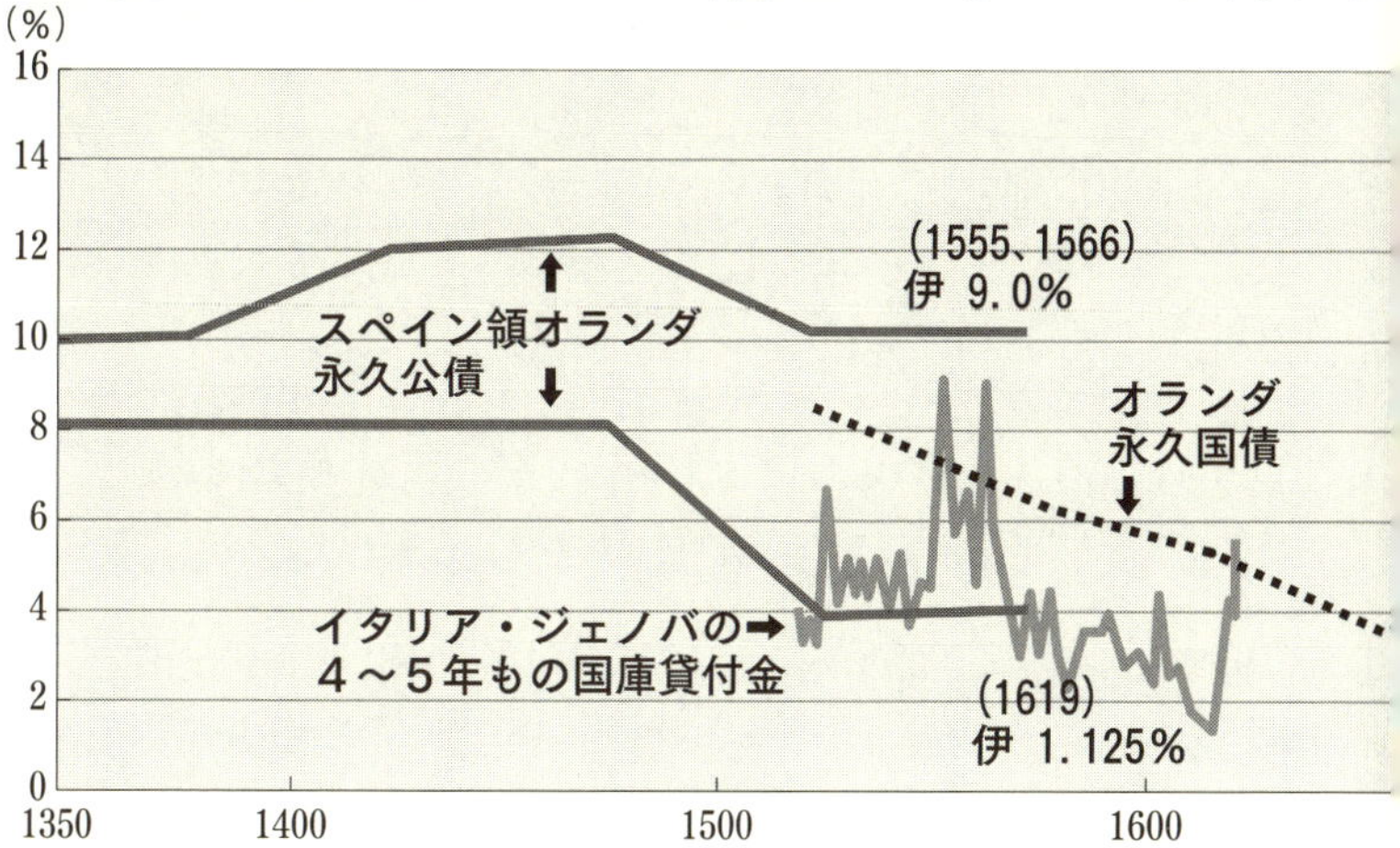

ヨーロッパの先進国では、すでに早くも西暦1550年代から、「自然利子率の激しい低下」が起きている。イタリアのジェノバやフィレンツェ（当時、世界最大の商業都市。各国の国王たちに貸し付けた）で起きた。そしてオランダでも、この利子率の低下が起きた。それからイギリス（大英帝国）で起きた。「自然利子率の低下」は先進国の運命である。どうやってみても、商業活動で儲からなくなるのである。同じ商売をずっと何十年、何百年もやっていると、利益（利回り）は低下して出なくなるものなのだ。

　そして、お札と国債をジャブジャブと刷り散らかしたから、だから金利が0《ゼロ》を割ったのだ。工場で作りすぎて余《あま》ってしまった製品と

同じだ。作った製品が、倉庫に入りきらずに工場の敷地内で雨ざらし、野ざらしになって、そして劣化して廃品になることに似ている。

まさか、お金《かね》に限ってそんなことはない。お金《かね》は貴重品だから、などと言ってはおられない。お金《かね》だって、無闇《むやみ》に勝手に作りすぎて放置（滞留《たいりゅう》）したら、錆《さ》びついて、腐ってダメになるのだ。このことを分からない世界高級経済学者たち（ほとんどがノーベル経済学賞受賞者）というアメリカのイカレポンチたちによって現在、実行されている国家政策である。

「インフレ（やデフレ）は貨幣現象《マネー・フエノメノン》である」と言う。これが、彼らが自分たちの後生《ごしょう》大事にするお題目《だいもく》、ご本尊《ほんぞん》である。このお題目そのものが、逆流、逆回転している。「インフレは貨幣現象（にすぎないから、人工的に治療できる）」と信じ込んで、無制限のお金づくりを実行したら、天鉢《てんばち》が飛んできた。その天鉢《てんばち》（＝天罰《てんばつ》）が自分の頭に当たったのだ。そろそろこのことに気づくがいい。これは天鉢《てんばち》＝天罰＝自業自得《じごうじとく》なのだ。

いくら金融政策（日銀がやる）で、低金利政策（ついにマイナス）をやっても、景気は少しもよくならない。よくなるわけがない。おカネを刷って刷って放出しさえすれば、「デフレをインフレ（成長経済）に変えることができるのだ」などということはない。断じて、ない。Ｐ92～93のグラフに示すとおりだ。先進国の「自然利子率」は歴史的に2％以下になったのだ。ついには、19世紀のイギリス（大英帝国になった）でも年率2％の利子率にまで下がった。前のほう（Ｐ64）に出てきた「中立金利」というのも、この「自然利子率」のことだろう。

「ジョン・ブル（勃興したジェントルマン階級。新興平民。金持ち層）は、どんな苦しみでも我慢できる。しかし年率2％の利子率には我慢できない」という有名な英語がある。これこそが流動性の罠（liquidity《リクイディティ》 trap《トラップ》）である。「流動性の罠」について、わざと間違ってやる議論が日本では長年、横行している。そのうち私が征伐する。偉大なるケインズの思想を素直に理解すれば、**「お札と国債を刷り散らすから、流動性の罠に陥《おちい》ったのだ」**。この簡潔な大理解でいい。

イギリスに続いて、次の世界帝国《ワールド・エムパイア》（世界覇権国《ヘジエモニック・ステイト》）になったアメリカ合衆国も1900年代から、どう頑張っても年利2％しか銀行が払えない帝国になった。ただし、激しいインフレ（＝バブル経済）が起きたときだけ、年率10％を超す利益が出た。

このことは、水野《みずの》和夫《かずお》氏の名著『資本主義の終焉《しゅうえん》と歴史の危機』（集英社新書、2014年刊）で詳しく書かれた。そして敗戦後、激しく復興（高度経済成長）した日本でも起きた。しかし大方の〝アメリカべったり（従順。被洗脳）〟インテリ、官民エコノミストたちからは、この水野本はしかめっ面《つら》をされて敬遠されたろう。「それを言っちゃあ、おしまいよ」のフーテンの寅《とら》さんのセリフだ。自分たちの日々の、もっともらしい偽善的な議論（ほとんどがアメリカ様《さま》に右へ倣《なら》え）が、足元から崩れてしまっているからだ。だが、まだ安倍首相の周辺では強気である。

だから私は予測（予言）する。このマイナス金利は、マイナス（▲）2％まで行く。すなわち国債の値段は、元本《がんぽん》（額面。表面。フェイス・ヴァリュー）を割って、マイナス2％で取引されるところまで行く。この異常事態は、この先もまだまだ続くのだ。そしてそのあと、世界体制が変わる。世界が大きく変貌する。

●欧州銀行の「ストレステスト」で判明したこと

9月に入って15日に、「ユーロ恐慌」、ヨーロッパ金融危機を予兆《よちょう》させる株の暴落があった。日本株は、1万7000円台だった日経平均株価が、1万6405円（600円下落）に落ちた。ニューヨークの株価も、1万8800ドルの史上最高値を付けていたの

10の銀行が危ない
(欧州銀行ストレステストの結果)

資本水準の最も低い銀行は……

欧州の銀行2行、逆境シナリオで規制当局が定める最低水準の4.5%を下回る

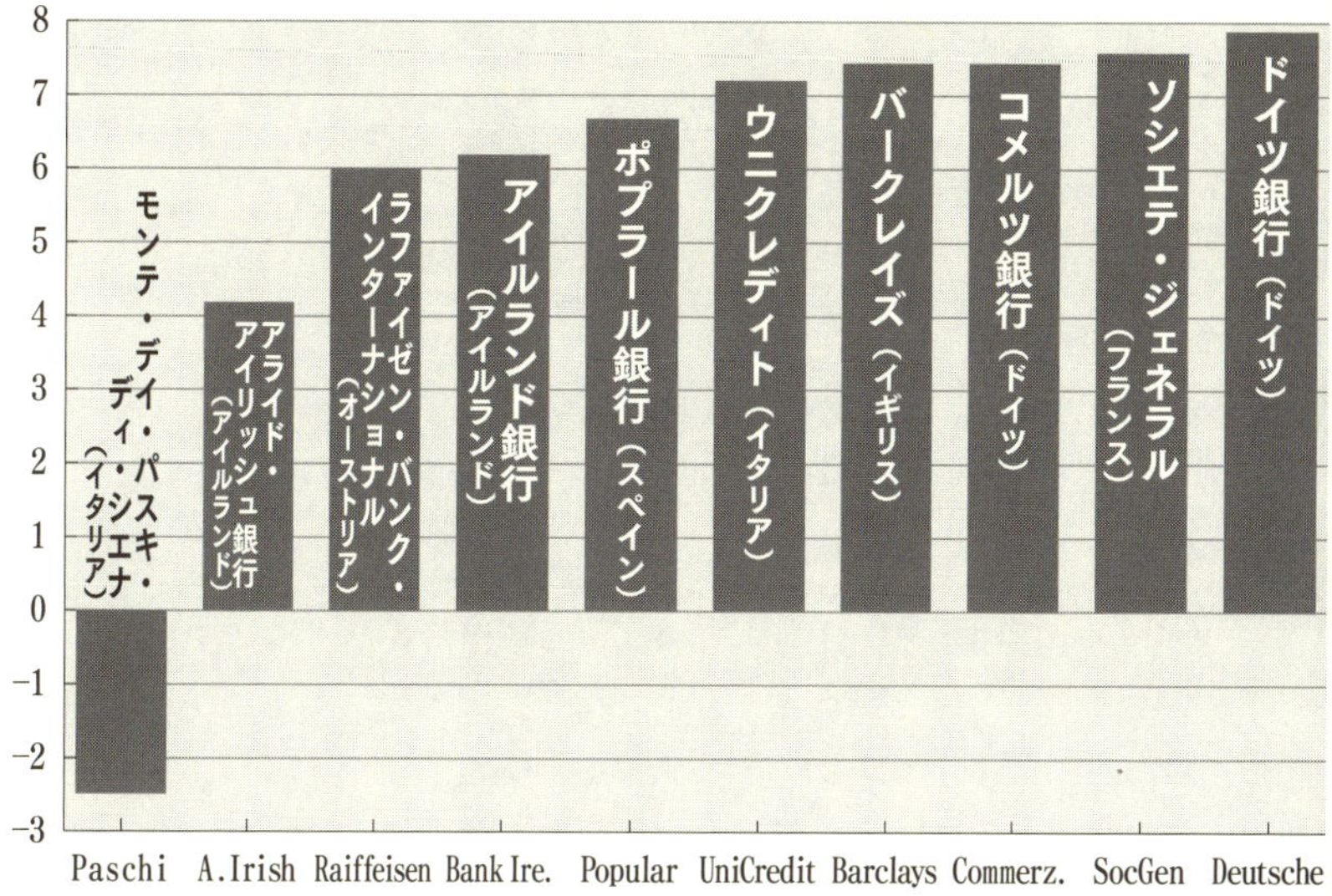

出所：ブルームバーグのデータから作成

(実施主体のEBAの声明文)

実施された欧州銀行ストレステスト（健全性審査）の結果、多くの銀行が依然として資本水準を引き上げる必要があり、このうち数行は速やかに実施しなければならない。

今回のストレステストでは合格、不合格の評価はつかなかったが、欧州銀行監督機構（ＥＢＡ）がテストした51行のうち2行は、規制当局が定める最低水準を満たせなかった。8行は“逆境シナリオ”にあり、普通株式などティア１（ＣＥＴ１。中核的資本）比率が7．5％を下回った。

が、1万8000ドルを割った。1万7992ドル（9月14日の安値）まで落ちた（P20～21のグラフを参照）。これは世界の金融変動の前ぶれ（予兆）である。

原因（震源地《エピセンター》）は、やはり〝ドイツ銀行ショック〟だ。ブルームバーグの記事を載せる。

「欧州株：下落、ドイツ銀ショックで売り波及——1週間で3カ月ぶり大幅安」

9月16日の欧州株式市場は、ドイツ銀行の急落が銀行業界全体に広がり、売りが加速した。週間ベースでは、指標の〝ストックス欧州600指数《しすう》〟が、英国が欧州連合（EU）離脱《ブレグジット》を選択（6月24日）して以降、最大の下げを記録した。

ドイツ銀行は8・5％下落し、英のEU離脱選択以来の大幅安。同行は住宅ローン担保証券（RMBS《アールエムビーエス》）販売問題の決着に、米司法省から140億ドル（約1兆5000億円）の支払いを求められた。が、これに近い額で決着させる考えはない（大幅に減額を要求する）と明らかにした。

これが材料視され、ロイヤル・バンク・オブ・スコットランド・グループ（RB《アールビー》S《エス》）やクレディ・スイス・グループが4％前後の下げとなった。このほか、イタリアやポルトガルの銀行株も売り込まれた。〝ストックス欧州600〟の銀行株指数は週間で5・6%下げ、過去2カ月の上げ幅の3分の1を失った。

（ブルームバーグ　2016年9月17日　注は引用者）

これはヨーロッパの金融危機の兆《きざ》しである。日本株もアメリカの株も暴落した。私は前著『再発する世界連鎖暴落』（2015年11月、祥伝社）で、「世界的に連鎖する株暴落が、断続的にこれからもずっと続く」と書いた。近著『マイナス金利「税」で凍りつく日本経済』（2016年4月、徳間書店）では、「アメリカや日本よりも先にヨーロッパの金融崩れが起きそうである」と書いた。まさしくこの動きだ。

1章で書いたように、ドイツ銀行が危ない。それから、イタリアのモンテ・デイ・パスキ・ディ・シエナ銀行が、この1月20日から取り付け騒ぎ（bank running　バンク・ラニング、あるいは bank run と言う）を起こした。日本国内にまったく報道されなかった。奇妙な感じだった。

モンテ・デイ・パスキ・ディ・シエナ銀行は世界最古の銀行だそうだ。イタリアの4大銀行の一つである。モンテ・デイ・パスキ・ディ・シエナ銀行の株価は、この9月の株暴落でも最安値を付けた。抱えている不良債権が大きすぎる。ECBの全面支援で、預金封鎖（バンクアカウント・クランプダウン）を回避するために、預金者の引き出しを認めている。

だから、一般の預金はもうほとんど引き下《お》ろされた。残っているのは拘束《こうそく》預金や企業の決済口座残高などだ。実情は、すでに債務超過であり、欠損会社である。それが銀行業という「社会の血液」、「信用秩序を守るため」と称して生き延びさせられている。生命維持装置（ECBの救援策）を外《はず》されたら、瞬時に死ぬ。

他にもヨーロッパ各国の大銀行が、バタバタと連鎖して倒れる。P97の「欧州主要51銀行のストレステスト（健康診断）」の図表のとおりである。この図表には載っていないが、ポルトガル商業銀行の株価が底値を記録した。イタリア最大手のウニクレディト銀行も、経営状態がよくない。このイタリアからポルトガル、アイルランド、そしてスペインに向かって、金融危機が今から起きて広がる。

●イタリアの銀行は40兆円の不良債権を抱えている

次のロイターの記事の中に、「イタリアの銀行が合計で抱える不良債権《バッド・ローン》の総額は、3600億ユーロ（40兆円）と、ユーロ圏全体の3分の1を超える」とある。この全額がヨーロッパ金融危機の基本数字である。

「モンテ・パスキ再建に早くも黄信号、前途多難の資本増強」

イタリア銀行大手モンテ・デイ・パスキ・ディ・シエナ（モンテ・パスキ）が、8月29日に再建計画を発表した。これは同行の経営健全化だけでなく、イタリアや欧州全域に金融システム不安が波及するのを回避することなどを狙って大急ぎで取りまとめられた。だが、このうちの2つの柱である、①大規模な増資と、②不良債権売却、の先行きに早くも黄信号が灯《とも》っている。

特に再建計画成功の鍵は、総額50億ユーロ（6000億円）に上《のぼ》る増資（資本金の増額）を年内に完了できるかどうかだ。計画の鍵を握っている、株式の時価総額が10億ユーロ弱（1200億円）で、2014年以降に80億ユーロ（9600億円）もの資金を新株発行で調達した。しかし、これをすぐに使い果たした。モンテ・パスキは、国際的な投資銀行（引用者注。米ゴールドマン・サックスなど）が新株引き受けに仮合意している。とはいえ、その前提条件《プレミシーズ》は大規模な証券化を通じて行った92億ユーロ（1・1兆円）の不良債権の売却が成功することだ。ただ、これほどの規模（多額）の証券化はイタリアでは過去に例がない。

何人かの銀行関係者やファンドマネジャーは既に、この計画がうまくいくかどうか疑問を投げかけている。

資産運用会社ハーミーズ・インベストメンツのクレジットアナリスト、フィリッポ・アロアッティ氏は、「計画の2本柱、①②にはともに崩れやすい要素がある。モンテ・パスキの過去の増資実績を踏まえれば、このような、①の大掛かりな増資を完了するのは難しいだろう。また、②の不良債権の証券化（による不良貸し付け減らし）もとてつもない作業だ。実行に伴うリスクは著《いちじる》しく大きい」と述べた。

JPモルガン銀行と伊メディオバンカは、サンタンデール、ゴールドマン・サックス、シティ、クレディ・スイス、ドイツ銀行、バンク・オブ・アメリカとともに、（増資と債権担保証券の）引受団《ひきうけだん》を形成することに暫定的に合意した。

だが少なくとも3行、インテーザ・サンパオロ、ウニクレディト、モルガン・スタンレーは引受団には加わっていない。モンテ・パスキが十分な投資家の支持を得られるかどうか、投資銀行業界にも懸念があることが浮き彫りになった。

さらに引受団に入った銀行も、売れ残った新株を（自分たちが分け合って）保有するという最終的な約束をしたわけではない。

モンテ・パスキの増資については、株式ブローカーの、エクイティア社が調査ノートで、「今の不安定な市場で必要としている全額を調達するのは、ほぼ無理」と予想した。

イタリアの銀行が抱える不良債権額は、3600億ユーロと、ユーロ圏全体の3分の1を超える。これが重しとなり、イタリア銀行株は、今年になって下落している。その上にウニクレディト銀行が、近く数十億ユーロの増資に踏み切る見通しで、モンテ・パスキが当てにしている投資家がそちらに流れる可能性がある。

モンテ・パスキの不良債権の証券化には、シニア債（引用者注。優先返済される）となる60億ユーロに、政府保証が付与される予定だ。メザニン債（引用者注。中2階債。準優先の返済）の16億ユーロは、民間出資の銀行救済基金「アトランテ」が買い取る。残りの最もリスクが大きいジュニア債（引用者注。劣後債《れつご》。一番最後に弁済される）は既存の株主に売られる。

ただしシニア債が、政府保証確保に必要な投資適格級の格付け《レイティング》をすべて得られるかはっきりしていない。事情に詳しい関係者は、「ブレグジット（英の欧州連合離脱）問題で経済の先行き不透明感が漂うから、裏付け債権の価値を格付け会社《レイティング・カンパニー》が評価する必要がある。このため、結論が出るまでには1年はかかるだろう」と話した。

（ロイター　2016年8月1日　注は引用者）

●破産国家・ギリシャは、それでもEUを離れない

このように、目下は、イタリアの大銀行たちの再建計画（①資本金の増資、と②不良貸し付け減らし）がうまく行くか、を世界中の金融業界（市場参加者）が固唾《かたず》を呑《の》んで見守っている段階だ。

だが、この再建計画が、どこかで手順の踏み外《はず》しを起こしたら。そのときは金融危機勃《ぼっ》発《ぱっ》である。

思い起こせば、前のギリシャ危機のときは、どうだったか。2010年1月に、激しい資本流出が発生した。ギリシャのすべての銀行が信用をなくして、激しい預金の引き出しが起きた。

ギリシャ政府が、ギリシャ国債の安全性についてゴールドマン・サックスとグルになってウソの数字を公表し続けていた。このことを、首相自らが議会で認める発言をしたからだ。このあと慌《あわ》てて、10月中に「ギリシャ国債の50%棒引き（減額）」で、ひとまず債権者国と合意（通称「パリ会議」と言う）した。ところが、それでは収まらず、11月9日にイタリア国債が暴落した。利回り7・5%に撥《は》ね上がった。同じくドイツ国債で35%の応《おう》札《さつ》不足（「札割《ふだわ》れ」）が起きた。

2012年2月になって、火消しのために、IMFとアメリカ政府が介入した。そして「ギリシャ国債の民間債権者（ボロクズ債や危険な商品を買う国際バクチ奕《う》ちたち）に、債権額（投資額）の74%の削除《カット》（棒引き）」を強引に呑《の》ませた。このとき、ラエル・ブレイナード女史（P56に出てくる）が、ティモシー・ガイトナー財務長官に代わって豪腕を振るった。本当は彼女の背後に、ポール・ボルカー元FRB議長がいた。このときは、180億ユーロ（2兆円）の救援金を、IMFとECBが出すことで、何とか収《おさ》まった。

その代償として、2012年9月6日に、ECBマリオ・ドラギ総裁が「無制限のユーロ供給」を発表した。これは、EU加盟国の銀行が手持ちの加盟国のボロクズ国債を、買い取り要求（お願い）をしたら、すべて文句なしでECBが買い取る（引き受ける）というものだ。ということは、ユーロ通貨の無制限の発行だ。日銀のジャブジャブ・マネー（金融緩和）とまったく同じだ。これは、「ドラギ・マジック（大砲）2《トゥー》」と呼ばれた。

この翌週（9月13日）、米FRBのバーナンキ議長が、450億ドル（毎月）の資産買い取り（国債買い）を発表した。これが「バーナンキのQE3《キューイースリー》」である。この地獄の苦しみからバーナンキは逃れようとして、もがき苦しんで、その翌年（2013年）5月23日に「QE3をやめる」と発言した。そしたら前述したとおり、世界中で株式の暴落が起きて墓穴《ぼけつ》を掘った。これで惨《みじ》めに辞任していった。

ギリシャ（ツィプラス政権）は、その後もゴタゴタした。若くて元気なツィプラスにしてみれば、「ギリシャは破産した。破産したのだから、借金はすべて消えた。EUとECBは、破産債権者会議（ステイク・ホールダーズ・ミーティング）である」という理屈を言った。そうしたら、ドイツの老練なショイブレ財務長官から「若造。黙れ」と一喝された。

BREXIT《ブレグジット》(Britain Exit《ブリトンエグジット》)
英のEU離脱はズルズルやる

写真：時事通信フォト

保守党のテリーザ・メイ英新首相(60歳)が、エリザベス女王(90歳)から首相に任命された。(2016年7月13日)

ギリシャ国債は、すでにボロクズで紙クズそのものだが、それでも今も、ヨーロッパ各国の中央銀行《セントラルバンク》や大銀行が、表面価格《フェイスヴァリュー》のまま形だけ健全債権《グッド・ローン》として帳簿上に保有している。とくにドイツ銀行の保有残高が多い。１００億ユーロ（12兆円）ぐらい持っているようだ。だから、ドイツ人は「ギリシャは、ドイツにパルテノン神殿とミコノス島（観光名所）を渡せ」と言って騒いだ。それ以来、ドイツとギリシャは険悪である。ドイツは、ナチス政権時代（第2次大戦中）に、ギリシャに侵攻、占領している。このときのギリシャ人の恨《うら》みがある。

以上が、ヨーロッパ金融危機の始まりであるギリシャ危機のおさらいである。ちなみにギリシャ人は、それでもユーロの通貨から離脱しない。する気もない。EU理事会も、追い出すこともできない。[1] ユーロ通貨と、[2] ユーロ・パスポート（EU圏をどこにでも自由に移動できる）を握りしめている。ヨーロッパ人は皆、この2つを握りしめて、後生大事《ごしょうだいじ》にしている。この2つを絶対に離したくない。

●愚かな通貨戦争

Brexit《ブレグジット》（Britain《ブリトン》 Exit《エグジット》）と呼ばれるイギリスのEUからの離脱は、6月23日のナショナル・レファレンダム（国民投票）で、51・9％で離脱派が勝利した。翌日から大騒ぎになった。その結果に当のイギリス国民がびっくりしてしまった。

「これ以上、移民（とくに中東アラブの難民。イスラム教徒）に入って来てほしくない。それ以外のことは我慢する」と思っていた。それなのに、今度は本当に自分たちがEUから出て行かなければならなくなった。

本当の本当は、イギリスの上《うえ》のほうの人々が、「このままEUに留《とど》まったら、EU諸国が抱えている大借金を、イギリスがひっ被《かぶ》らなければいけない。貧乏国の尻拭《しりぬぐ》いをさせられるのはイヤだ。今のうちなら、まだ逃げられる」と考えていた。だから、それでブレグジットになってしまったのだ。この問題については、次章の「米澤《よねざわ》寄稿文」で鋭く裏側を解説している。2年以内に離脱（出てゆく）の申請をしなければならない。

どうもこの問題は、ナポレオンによる「大陸封鎖《コンチネンタル・ブロッケイド》」（1806年11月ベルリン勅《ちょく》令《れい》とも言う。イギリスをヨーロッパ大陸から孤立化させる外交政策）並みの、歴史的な重大事らしいのである。私たち日本人には、どうも実感が湧かない。

新しいテリーザ・メイ首相は、「離脱の申請を来年（2017年）3月にする」と発表した（10月3日。保守党大会）。しかし離脱交渉を急ぐ気はない。ズルズルとやる気である。威勢よく「出て行ってあげるわよ」という感じではない。怒っているドイツ（メルケル首相）とフランス（オランド大統領）にしてみれば、「出ていくのなら、さっさと出て行け。その代わり、取るものは、きっちり取ってやる」という感じである。

イギリス国内にも「EUから離脱するといっても、先行きどうなるか分からない。ヨーロッパ人から仲間はずれされるのはイヤだ。ヨーロッパ統一市場《ユニオン・マーケット》から切り離されて、外国扱い（関税《タリフ》の復活）の不利益を被《こうむ》るのはイヤだ」という恐怖感がある。だから、イギリスのEUからの離脱はズルズルやる、という動きになる。

そのうちに、この亀裂が原因で何かが起きる。ブレグジットの打撃がどこに現われるか。皆、恐る恐る見守っている。本当の激震はこれから起きる。ブレグジットの直後に金融危機が起きて、英ポンドが30円暴落した。これは3日間で収まった。

P19のポンドのグラフを見てほしい。1年前（2015年）は1ポンド＝195円だった。それが今年に入って160円台に下げていた。国民投票の結果が出た直後（6月24

日）に、急激に130円にまで落ちた。30円も下げたのだ。今はまた1ポンド＝128円だ。

大英帝国のポンド金貨（スターリング・パウンド　Sterling Pound　ギラギラと輝くポンド）は、100年前まで世界を支配した。世界の基軸通貨《キー・カレンシー》だった。が、1931年に金本位制（金《きん》・ポンド兌換《だかん》体制）が崩壊した。イギリスの凋落がはっきりして、世界覇権《ヘジェモニー》はイギリスからアメリカ帝国（ロックフェラー石油帝国）に移った。そして第二次大戦の終わり間近の、1944年7月に決められたブレトンウッズ体制「金・ドル体制」で、米ドルが基軸通貨となった。ポンドはその座を追われた。そして今度はまた、米ドルの力が衰《おとろ》えており、次の世界体制が始まろうとしている。

私が小学生のころ（50年前。1960年ごろ）、1ポンドは1008円の固定相場だった。1ドルは敗戦後ずっと360円だから、ポンドはドルに対して3倍の価値を持っていた。今から100年前（1916年）の国際金本位制《ゴールドスタンダード》の時代は、1ポンド＝4・86ドルで、ポンドはドルの5倍の力があった。

この英ポンドが、今やガラガラと落ちて128円（＝1・26米ドル）である。50年前の8分の1だ。だから大きな歴史で見れば、イギリスという国家の信用が、この50年間で8

分の1に崩れたということだ。ものごとは、このように大きく考えるべきである。

今から45年前の1971年8月15日の〝ドル・ショック（ニクソン・ショック）〟で、急激な円高が起きた。1ドル＝360円から、まず240円になった。3分の2だ。そして、さらに半分の120円（1988年）になった。このとき佐藤栄作《さとうえいさく》内閣の水田三喜男《みずたみきお》大蔵大臣が、昭和天皇に「大変なことになりました」と奏上《そうじょう》（報告）に行った。「円高（ドルの切り下げ）で日本の輸出企業が外貨（ドル）を稼げなくなるから大変だ」ということを説明しに、宮中に参内《さんだい》した。

水田蔵相の報告を聞いた昭和天皇は、このように答えた。

「円が高く（強く）なるのは、日本人の仕事の価値が高くなるということではないのか。何か問題があるのか。よいことではないか」と。

昭和天皇は、自国通貨（円）が強くなるのは、日本国の信用（クレディビリティ）が高まり、国力が増すことだからいいことだ、と水田蔵相に言った。この昭和天皇の考え方が正しい。

私も一貫して円高（ドル安）論者である。政府自《みずか》らが、わざと円安に誘導して、日本の国力と信用を落としている。それで少しも恥じない今の安倍政権は間違っている。円高

（＝強い円《ストロング・エン》）こそは、日本国のあるべき、採《と》るべき大方針である。政府が率先して、自国通貨を下落させ、引《ひ》き下《さ》げするのは、「通貨ダンピング」である。みっともない通貨安《やす》競争（「通貨戦争《カレンシー・ウオー》」と言う）に嵌《は》まる愚か者のやることだ。人為的な通貨安《やす》政策（政府による為替介入）というのは、世界通貨体制に叛《そむ》く違反行為である。違法である。関係者は分かっているのか。

特別レポート

現役ファンド・マネージャーの最先端情報

「欧州壊滅」と日本経済の寿命

この章は、金融市場の現場でしか知りえない極秘《コンフィデンシャル》レポートを掲載する。現役のファンド・マネージャー氏が書いてくれた。最先端の情報を提供してくれている。外資系金融法人で株式と債券のトレーディングを専門とする米澤裕恭《よねざわひろやす》氏（仮名）である。彼は、厳しい金融の戦場で20年以上、生き延びてきた人だ。金融・経済専門誌にも出ていない生《なま》の情報は、きわめて重要である。

（副島隆彦）

■ドイツの金融は強くない

まずドイツの情勢から話す。目下、騒がれているドイツ銀行が破綻《はたん》する問題以前に、中央銀行であるドイツ連邦銀行（Bundesbank《ブンデスバンク》）の財務状況を知るべきだ。すなわちドイツという国家の本当の金融状況である。ドイツは、EU（欧州連合 European《ユーロピアン》 Union《ユニオン》）28カ国（イギリスが離脱したら27カ国になる）の盟主として、ヨーロッパで一番強い国であり、経済的には盤石《ばんじやく》と見られている。しかし、実情はかなりの問題を抱えている。

問題を生み出しているのは、〝TARGET《ターゲット》 2《ツー》〟（Trans-European《トランスユーロピアン》 Automated《オートメイテッド》 Real-time《リアルタイム》

Gross《グロス》 Settlement《セトゥルメント》 Express《エクスプレス》 Transfer《トランスファー》 System《システム》）という銀行間の決済システムである。これはＥＣＢ《イーシービー》（欧州中央銀行　European Central Bank）が、ユーロ通貨圏の各国中央銀行とコンピュータ・ネットワークで結び、連動して資金を決済するという仕組みだ。ヨーロッパの金融決済システムだ。ユーロ通貨が誕生した１９９９年に、この第一世代がスタートした。２００８年から現在の第二世代になった。日本の「日銀ネット」（日本銀行金融ネットワークシステム）や、アメリカのFedwire《フェドワイア》（米連邦決済システム　Federal《フェデラル》 Reserve《リザーヴ》 Wire《ワイア》 Network《ネットワーク》）と同じものである。

（副島隆彦注。「日銀ネット」は１９８８年から、米国Fedwireは、１９８２年から稼働した。どちらも中央銀行と金融機関をコンピュータ通信ネットワークでつなぎ、お金や国債などの決済をオンラインで処理している。では、ＥＣＢの〝ＴＡＲＧＥＴ２〟の決済システムはどうなっているか。どこが問題なのか。米澤氏が説明を続ける）

〝ＴＡＲＧＥＴ２〟には、ヨーロッパ各国の中央銀行だけでなく、１０００行ほどのヨーロッパの民間銀行が接続している。つまりＥＣＢは、ヨーロッパ中の銀行間決済を、

〝TARGET2〟に集めている。

たとえばイタリアの企業A社が、ドイツの企業B社から製品を輸入して、その代金を〝TARGET2〟を使って支払うとする。このとき、イタリアのA社はイタリア国内の銀行にある自分の口座から代金を送金（レミッタンス）する。送り先は、ドイツの企業B社が口座を持つドイツの民間銀行だ。A社の銀行預金残高は輸入代金の分だけ減り、逆にB社の残高は増えることになる。

ここで〝TARGET2〟の銀行間決済を行なうと、イタリアの中央銀行であるイタリア銀行に代金分の債務が計上される。同時にドイツの中央銀行（ドイツ連銀）に債権が計上される。債権・債務の関係が発生する。なぜかと言うと、イタリアとドイツの民間銀行は、それぞれが中央銀行に当座預金口座（準備預金）を開設しているから、民間銀行同士の決済が終了しても、中央銀行間の債権・債務関係は残る。ドイツ連銀《ブンデスバンク》が、B社が口座を持つドイツの民間銀行に対して、イタリア銀行の代わりに支払うというかたちになる。

〝TARGET2〟は、オンライン処理される即時決済システムだ。だから、1日の稼働が終わったときに、イタリアとドイツの中央銀行間の債権・債務を、すべて相殺《そうさい》（オフセット）する。ところが、**相殺しきれなかった分は、そのままECBに移される。**ECB

ユーロ圏《ゾーン》の銀行間決済
(TARGET 2《ターゲットツー》)の仕組み

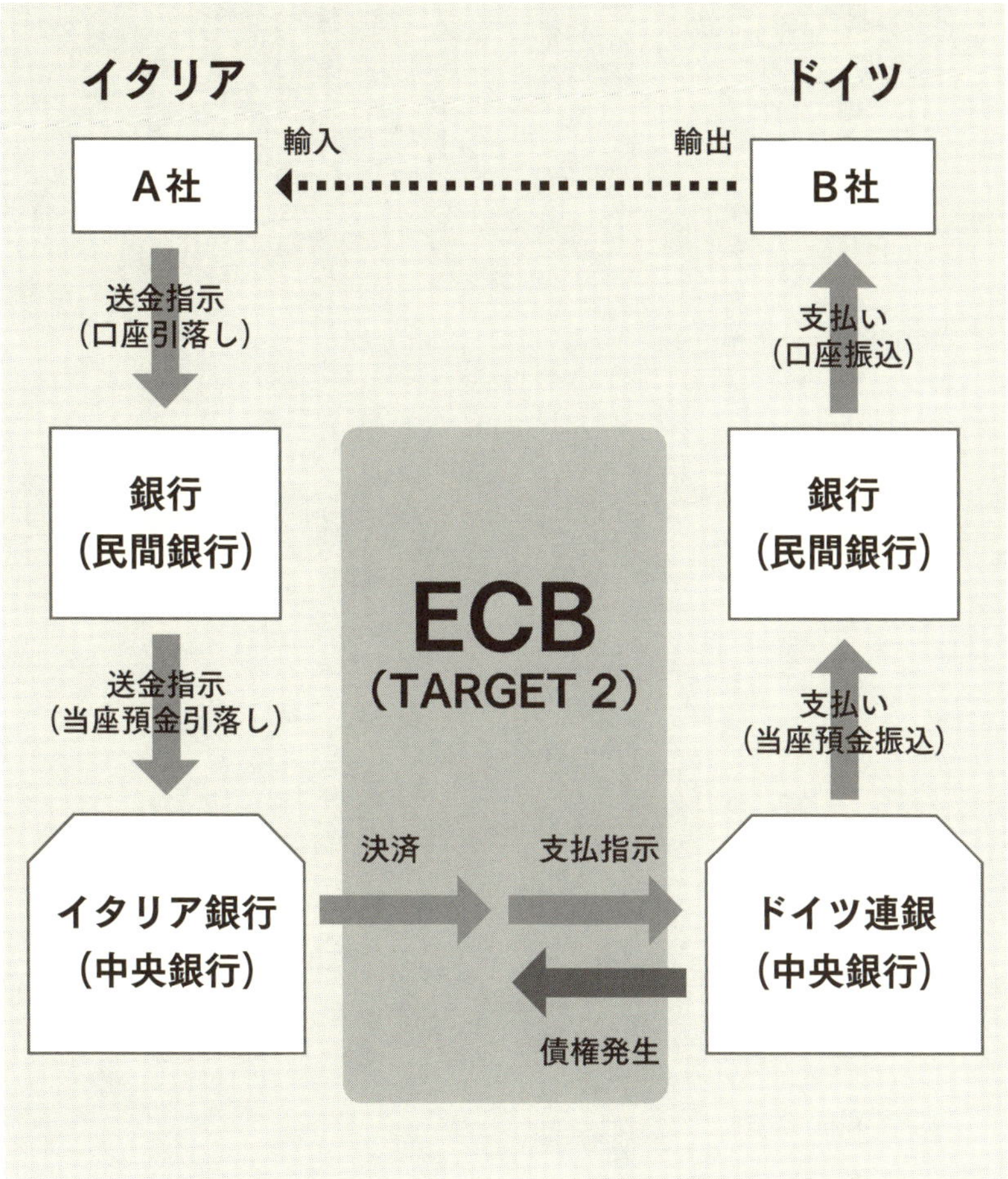

これは銀行の「帳尻合わせ」だ。世界中の銀行が100年以上、これを毎日やってきた。「帳尻」だけを合わせることで、実際のお金(資金)の移動はなし、で済ませる。

に残高が残ってしまう。

だから、もしそのイタリアの企業が、代金を払わないでドイツの企業から輸入を続けると、ECBに対してイタリア銀行の債務が増える。同時にドイツ連銀の債権が積み上がる。その債権・債務関係は、そのままECB自身の勘定の債権・債務でもある。これが**〝TARGET 2バランス〟**と呼ばれ、専門家の間で大きな問題になっている。

■ECBに積み上がる債務

だから私は、このドイツ連銀の〝TARGET2バランス〟問題に注目している。記憶している日本の投資家もいるだろうが、2010年4月からギリシャの財政危機が勃発《ぼっぱつ》した。これ以降、ユーロ圏の〝TARGET2バランス〟は不均衡《ふきんこう》となり、ドイツ、オランダ、ルクセンブルクなどの豊かな国（債権国）と、ギリシャ、スペイン、イタリアといった貧しい国（債務国）の差が大きく拡大した。これは2015年5月の数字だが、ギリシャ中央銀行が抱える対外の債務残高は、およそ1000億ユーロ（当時のレートで13兆5000億円）である。

ＥＣＢの資料によると、今年（２０１６年）の7月時点で、ドイツ連銀は〝ＴＡＲＧＥＴ２〟を通じて６６００億ユーロ（74兆６０００億円）もの債権残高を保有している。ＥＵ圏の他の銀行に対して、いわば「取り立て金」として持っている。この６６００億ユーロは、欧州中銀であるＥＣＢからすれば、「大借金」の債務残高だ。

６６００億ユーロもの債権が積み上がっているのだから、「さすがはドイツはＥＵ随一の債権国で、強い国だ」と思われている。だがしかし、それには「債権先が健全である」という条件が付く。取りっぱぐれ（貸し倒れ）がない、ということが前提だ。かつて日本の銀行が、１９８９年のバブル崩壊で、不良債権処理にのたうち回った教訓を思い起こすべきだ。

ドイツは中国、アメリカに次いで世界3位の輸出立国だ。日本が4位である。ドイツの1年間の輸出総額は、1兆１３３５億ユーロ（１２８兆円）に上《のぼ》る。そのうち4割をユーロ圏との取引が占めている。ここに問題がある。スペインなどはドイツへの代金（輸入）をきちんと払えていない。ＥＣＢの〝ＴＡＲＧＥＴ２〟を通じた輸入決済の帳簿のところが、債務超過状態になっている。スペインが、債権者であるドイツにお金を払えていないということは、債権が焦《こ》げついている。つまり不良債権（バッド・ローン）だ。貸し倒れの恐れさえある。

ＥＣＢにはユーロ参加国すべての国の中央銀行が出資している。その中でドイツ連銀の出資比率は資本総計の26・7％と、実に4分の1以上で、群を抜いている。これは、このまま**〝TARGET 2〟での資金決済で債務超過が続くかぎり、いざとなったらドイツがECBの債務の4分の1以上を被《かぶ》る**ことを意味する。すなわちドイツ連銀の財務基盤は非常に弱い。私たち金融の世界にいる者の間で、「どうもドイツという国家の金融システム自体が脆弱《ぜいじやく》になりつつある」という話が、ザワザワと広がっている。

この9月に、ドイツの民間銀行で最大手のドイツ銀行が、アメリカ司法省から140億ドル（1・4兆円）の制裁金（懲罰金）を要求されたことが大きく報道された。2007年までのＲＭＢＳ《アールエムビーエス》（住宅ローン担保証券）の不正販売が理由である。

（副島隆彦注。ドイツ銀行の経営危機は、アメリカ司法省（財務省ではない）が、ドイツ銀行に「ＲＭＢＳを投資家たちに不正販売したので、アメリカ政府に罰金140億ドルを支払え」と要求したことから騒ぎが大きくなった。そして、ドイツ政府が「公的支援（ベイルアウト）しない。民間銀行であるドイツ銀行を救済することはない」とされた（ドイ

ツの雑誌が書いた）ため、深刻化した。本書1章を参照のこと）

RMBSは、デリバティブ取引の一種だが、たしかにドイツ銀行のデリバティブのポーションン（比率、配分）は高かった。今も高い。その大きさが懸念《けねん》されている。それは2008年のリーマン・ショックのときよりもレバレッジ（投資倍率）を利《き》かせているからだ。だから今回の〝ドイツ銀行ショック〟が、「リーマン・ショックの再来か」と、マーケットを縮《ちぢ》み上がらせている。第一、あのリーマン・ショックは、本当はヨーロッパから火がついた金融恐慌だった。

（副島隆彦注。私は『恐慌前夜』（2008年9月、祥伝社）という本で、「アメリカのリーマン・ブラザーズが、もうすぐつぶれる」と書いて出した。その2週間後の9月15日に、リーマン・ブラザーズが実際に経営破綻して〝リーマン・ショック〟が起きた。が、その1年前の2007年9月8日に、〝パリバ・ショック〟というのがあった。フランスの大手銀行であるBNP《ビーエヌピー》パリバが、「サブプライム・ローンを組み込んだミューチュアル・ファンド（投資信託）の償還《しょうかん》を停止（解約に応じないこと）する」と発表した。これでヨーロッパの信用収縮（クレジット・クランチ）が生まれ、ヨーロッパの銀行が各国でつぶれた。私は、このヨーロッパでの金融危機を冷酷に観察・分析していたので、1年後に『恐慌前夜』でアメリカのリーマン・ショックを予測できたのである）

■欧州から日本へ「資本逃避」が始まった

今、マーケットは、どうもリーマン・ショックと同じことが、ドイツ銀行で起きるのではないか、と身構えている。

このドイツの金融不安は、「イギリスのEUからの離脱」というシナリオとリンクしていると考えれば分かりやすい。

ドイツにとってイギリスは、よいお得意様だ。自動車をはじめとした重要な輸出先で、対イギリスで大幅な貿易黒字を計上している。ドイツからイギリスへの年間輸出額は、およそ850億ユーロ（9・5兆円）だ。ところがイギリスがEUから離脱すると、それまでEU域内で無税だった貿易に関税がかかることになる。そうなると貿易額は減少する。ドイツは困ってしまう。イギリスも困るのだが、ここには裏がある。

イギリスは2008年からの〝TARGET 2〟には参加していない。ユーロではなくポンド通貨を維持していることを理由とする。その一方で、中国やアメリカとの関係を強化してきた。これはEU離脱前の2015年の数字だが、イギリスの輸出額は対中国で160億ポンド（2・8兆円）、対アメリカでは390億ポンド（7兆円。2015年当時のレートで計算）に達している。とくに中国との貿易の伸び率は、すでにドイツを凌駕《りょうが》する勢いだ。

おそらくイギリスは、〝TARGET 2〟の不均衡（インバランス）が原因で、そのうちドイツ経済がダメになるだろうと見越して動いてきた。ECBが抱える〝TARGET 2〟での債務超過（大借金）は、ドイツのユーロ圏での輸出超過、すなわちドイツだけの「金持ち化」、「一人勝ち」だった。これが、イギリスがEUからの離脱を決める隠れた大きな要因の一つだった。このことをメディアは公然と書かない。

イギリスはドイツ（ヨーロッパ）を捨てて、中国のますますの発展に賭けた。中国との取引に自分の生き残り策を見出した。

イギリスと中国が組めば、金融取引の環境も変わる。本当に変わる。1日のうち16時間、香港からシンガポール、ロンドンへと、旧大英連邦（現英連邦《コモンウェルス》）の国づたいに、それぞれの市場が開いている時間帯での取引が可能になる。どうやらイギリスは、シティ（ロンドンの金融街）がこの200年間に築き上げてきた金融の仲介機能を、中国に貸してあげる。自由に使わせる。そうすることで中国の金融能力、世界管理力がますます高まる、という構図だ。ただし、イギリスとの共存共栄で。

それから、どうもイタリアの保険会社の動きが気になる。イタリアでは、大手の一角のモンテ・ディ・パスキ・ディ・シエナ銀行が、今年の1月に取りつけ騒ぎを起こし、金融不安が広がった。そこで、大手保険会社であるジェネラーリ社などが、海外へ資金を逃がし始めている。まさしく資本逃避（capital《キャピタル》 flight《フライト》）だ。このことは、イギリスで（実質）最大の香港上海銀行が、イギリス本国から離れようとする動きと似ている。

資金を逃がす先は、日本などの制度変更、政策変更が比較的少ない国だ。国外にお金を滞留《たいりゅう》させている。イタリアはもう財政再建どころでない。ドイツはイタリアから、ますます取り立てができなくなりつつある。イタリアにお金がなくなりつつあるのだから。

■ニューヨークに集められたデリバティブ取引

もう一つの問題は、金融取引の規制強化だ。副島本の熱心な読者なら知っていると思う。今から6年前の2010年7月に、アメリカでドッド＝フランク法が成立した。金融規制改革法である。その別名は「ウォール街の改革および消費者保護法」だが、さらに別名が「ボルカー・ルール」だ。これを受けて、その3年後の2013年10月から、アメリカで**「スワップ執行ファシリティ」（Swap《スワップ》 Execution《エグゼキューション》 Facility《ファシリティ》　SEF《エスイーエフ》）**という仕組みが導入された。

このSEF《エスイーエフ》がどのようなものかと言うと、銀行同士のデリバティブの取引が、オンラインで行なえるようになった、ということだ。いわゆる「プラットフォーム」である。

ドッド＝フランク法ができる以前は、デリバティブは相対《あいたい》取引であり、金融当局（SEC《エスイーシー》＝証券取引委員会。日本の金融庁）に取引情報を開示する必要がなかった。銀行間のバクチ取引は、やりたい放題だった。お互いが金融のプロなのだから、大損をして痛い思いをするのも自由だ、ということだった。

（副島隆彦注。ここで米澤氏が言う「デリバティブの相対《あいたい》取引」とは、オーヴァー・ザ・カウンター over the counter と呼ばれる。日本語でも「店頭《てんとう》デリバティブ取引」があ

る。上場されない商品を扱うために、金融当局の監視対象になりにくい）

そこでSEFが登場した。〝リーマン・ショック〟を引き起こした銀行業界への懲罰である。アメリカでは、すべてのデリバティブ取引を、SEF上で行なうことが義務づけられた。このとき売買注文がSEFに集約されることになった。この動きはヨーロッパや日本にも広がった。たとえば日本では、「店頭デリバティブ取引等の規制に関する内閣府令」ができた。これで店頭デリバティブの取引情報を、監督庁である金融庁に報告することが定められた。

さらに金融情報会社のブルームバーグが、2013年に、米商品先物取引委員会（CF《シーエフ》TC《ティーシー》 先物《さきもの》の監督庁）の承認を得て、独自に構築した「SEFプラットフォーム」の運用を開始した。アメリカ市場でデリバティブの売買をするなら、ヨーロッパの金融機関も日本の金融機関も、実際上、このブルームバーグのプラットフォームに参加せざるを得ない。つまり取引がニューヨークに集約されたのだ。

このときに備えて、ドイツは必死に、自分が抱えている不良債権《バッド・ローン》（貸し倒れの恐れのある資金）を何とかリバランス（資産配分の見直し、調整）しようとしてきた。それでも、

日本国債（短期から10年ものまで）のイールドカーブ

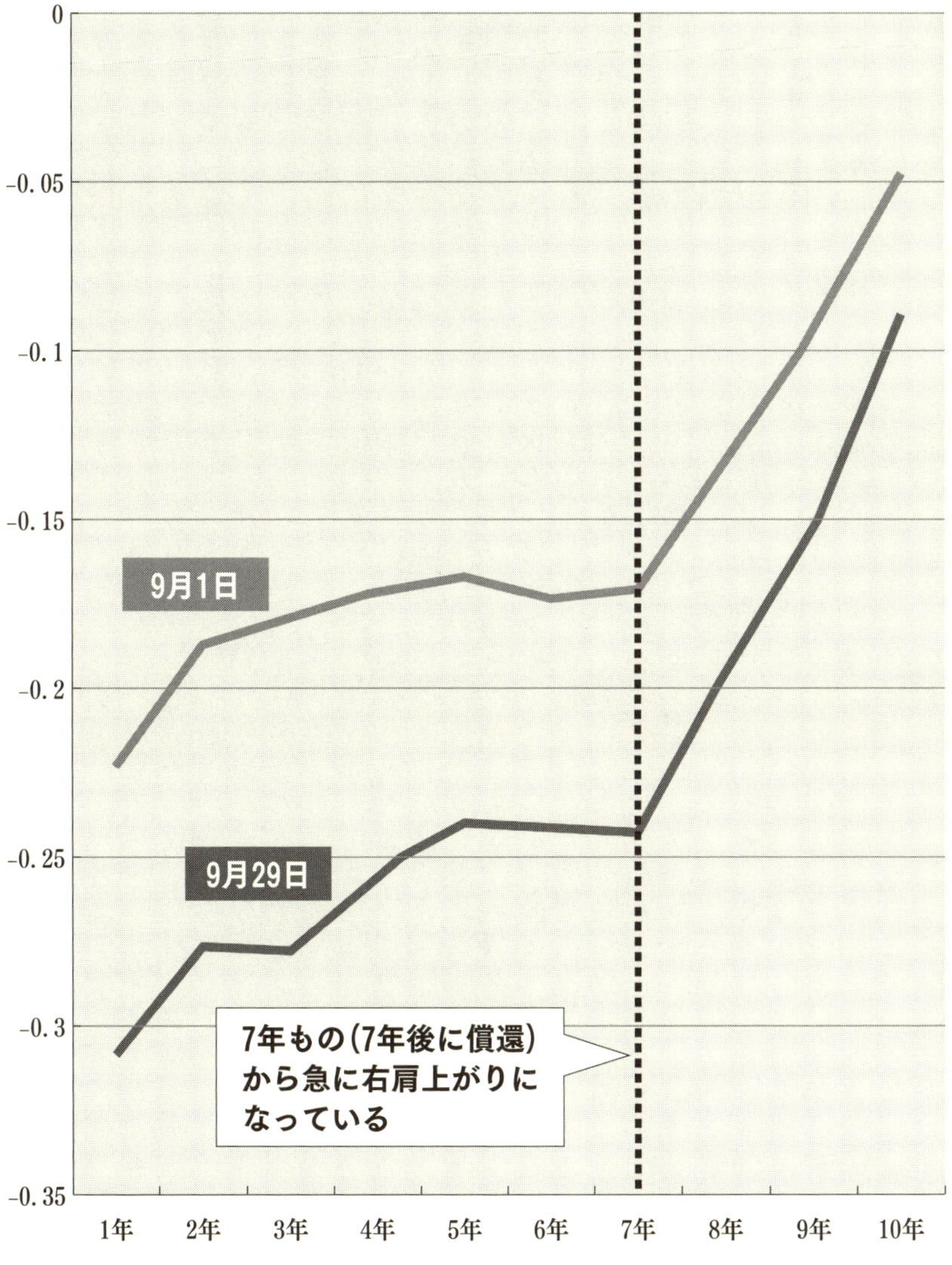

以前の健全なかたちに戻すのは無理だろう。

■市場《マーケット》が警告する、7年後の国債暴落

話題を日本に移そう。

日本国債のイールドカーブ（P129）を見ると、7年目から急に右肩上がりになっている。償還《しょうかん》年限が7年（7年もの）の国債から金利が急に高くなっている。このことが何を意味しているか。ことは重大である。**「マイナス金利は、あと7年しかもたない」と、マーケットが見ている**ことを示しているのだ。経済学者やアナリストが予測しているのではない。マーケット自身が「マイナス金利は、あと7年しかもたない」と、無言のメッセージを発している。この客観データは、ものすごく重要だ。国債の金利は市場《マーケット》で決まる。市場がプライシングする。「値決めする」のだから。

日銀が9月21日に、「これからは公然と長短金利を操作する（自分たちで、いいように動かす）」と政策を発表した。ところが、その後でもこのイールドカーブの形状は変わっていない。この「7年」が大事な数字だ。

２０１６年度の国債発行計画によれば、１年間の発行総額は１６２兆２０２８億円だ。そのうち新規に発行する国債（新発債《しんぱつさい》）が、34兆４３２０億円。過去に発行した国債（既発債）を満期償還（ロール・オーヴァー。洗い替え）するための借換債《かりかえ》が１０９兆１１４４億円。残りは財投債《ざいとう》16兆５０００億円。東日本大震災の復興債２兆１５６４億円となっている。

日本国債の累積の発行残高は、すでに８００兆円を超えた。２０１６年度末で「８３８兆円になる」と財務省は発表した。このための１年間の利払い費用は10兆円である。このペースで新発債、借換債を出し続けると、どうなるか。発行残高が加速度的に増える。と同時に、やがてすべての国債が新しく発行したものに入れ替わる。

この「国債の入れ替わり」が、いつ起きるのかを計算すると、実は７年後なのだ。イールドカーブが右肩上がりになるタイミングと見事に一致する。私たちの業界で言う、「国債のガラガラポン」だ。つまりこのとき、国債の引き受け手がいなくなり、国債金利が跳《は》ね上がる。それが今から７年後、西暦２０２３年に迫っている。そしてこのことを、マーケット自身はもう織り込んでいる。このことをＰ129の「日本国債のイールドカーブ」が示している。

■日本経済の寿命は、あと7年

三菱東京UFJ銀行が、6月に突如「プライマリー・ディーラーの資格を返上します」と表明した。そして7月15日に、財務省は正式にその資格を取り消した。

（副島隆彦注。本書P76で説明したように、三菱UFJは、プライマリー・ディーラー（国債市場特別参加者）の資格を投げ捨てた。日本のお上《かみ》（勘定奉行）認定の、特別な座《ざ》仲間、株仲間から外《はず》れて、三菱が自分のほうから特権を返上したのだ。

プライマリー・ディーラーとは、一昔前の2006年3月までは「シ団」と言った。「引受シンジケート団」のことだ。国債の入札で、大手銀行と大手証券会社が、財務省から特別な待遇を受ける代わりに、新発の国債の4％は必ず自行で引き受けなければならないキマリ（シバリ）がある。プライマリー・ディーラー資格「返上した」をことで、三菱は「4％以上の国債引き受け」の義務がなくなった）

三菱が抜けて、プライマリー・ディーラーは21社になった。銀行が2行（みずほ、三井住友）、証券会社19社（ＳＭＢＣ日興、岡三、クレディ・アグリコル、クレディ・スイス、ゴールドマン・サックス、ＪＰモルガン、シティグループ、ソシエテジェネラル、大和、ドイツ、東海東京、野村、バークレイズ、ＢＮＰパリバ、みずほ、三菱ＵＦＪモルガン・スタンレー、メリルリンチ日本、モルガン・スタンレーＭＵＦＧ、ＵＢＳ）である。

三菱の動きに他の金融機関が追随《ついずい》すれば、財務省は新規の国債（新発債）を出せなくなる。仮に発行できても、引き受け手がいない。新発債は「市場での消化」ができなくなる。つまり供給過剰となって、国債の価格が下がる。金利が上がる。三菱は国債金利暴騰（＝国債暴落《ぼうらく》）のトリガーを引いたと言える。

やがて起きるのは、国債（国の借金証書）の過剰発行による日本国債暴落、そしてハイパー・インフレーションだ。日本は敗戦直後に激しいハイパー・インフレに見舞われた。戦費調達を目的に発行した「戦時《せんじ》国債」が償還（redeem《リディーム》）されなかった。しかも敗戦後には復興債（復興金融債権）を乱発したからだ。そこで何が起きたか。当時の幣原《しではら》喜《き》重郎《じゅうろう》内閣は「預金封鎖」と「新円切り換え」を断行したのである。

（副島隆彦注。敗戦から半年後の、１９４６（昭和21）年の2月17日に、全国一斉に新聞紙上で「預金封鎖」（金融緊急措置《そち》令）が政府から告知された。この日は、銀行が休みの日曜日だった。国民は、月額300円（世帯主で。今なら300万円）までしか預金を引き出せなくなった。そして手持ちの現金（お札）を、新札《しんさつ》と交換することが強制された。このことを、私は『預金封鎖』『預金封鎖　実践対策編』（ともに2003年、祥伝社）で詳しく書いて説明した）

歴史は繰り返す、と言う。今はこの預金封鎖断行から70年だ。1936（昭和11）年の「2・26事件」からちょうど80年だ。

2・26事件で当時の大蔵大臣の高橋是清《たかはしこれきよ》が殺害された。高橋は〝だるま宰相《さいしょう》〟と呼ばれて国民に人気があった。彼は軍部の予算を削減して、恨《うら》みを買ったから殺されたのだ、と言われた。高橋は1931（昭和6）年12月に、4度目となる大蔵大臣に就任して、以後ずっと、殺されるまで蔵相を務めた。

このとき、彼が推《お》し進めたのは、世界恐慌（1929年10月、NYで始まった）に対するデフレ対策としての〝積極財政〟だった。貿易を促進するために円安を放置した。1ドル＝2円だった為替相場を、5円にまで放置したのだ。そして低金利、それから国債の日銀引き受けも実行した。どこかで聞いたことはないか？　そう、現在の黒田東彦日銀総裁が主導する「異次元緩和」と、まるで同じことをやったのだ。しかし、今の黒田東彦と高橋是清との間で、決定的に違う点が一つだけある。

それは、**高橋財政では、国債を日銀が引き受けても、購入した国債の9割を市場で売っていた**ことだ。つまり日銀が保有する新発債の残高は10％だけだった。今のような実質全額買いきりではなかった。

しかしこの後、2・26事件が起き、高橋が殺された。その後の政策転換で、日銀は国債を100％引き受けるようになったのである。政府は際限なく戦時国債（赤字国債）を増発、乱発した。その資金が軍部への多額の予算に回された。日本は戦争の時代に入っていった。そして実際に突入（1941年12月に日米開戦）していった。

財政規律が失われると、国家は戦争に突入する。私たち日本人は今こそ、この歴史の教訓をきちんと自覚すべきだ。ドイツ人は今、このことをものすごく心配しているのだ。ドイツ人は、政府も国民も、あの戦争と超《ハイパー》インフレのことをひどく気にしている。

日本は戦争に負けて、あらゆるものを失った。残ったのは、戦争をするために重ねた莫《ばく》大《だい》な借金だけだった。その結果、昭和21年（1946年）ハイパー・インフレで国民の生活はますます苦しくなった。預金の引き出し制限（預金封鎖）が強制された。

今の黒田日銀は、国民の預金を超低金利で冷凍保存することで、国債を実質的に引き受けている。こうすることで安倍晋三政権に〝打ち出の小槌《こづち》〟を差し出している。「2・26事件」（昭和11年）の1936年から転落していったの日本と同じことが起きている。

前述したが、P129のグラフが示すように、今のマイナス金利政策はあと7年で限界を迎える。これは**「日本経済の寿命は、あと7年である」**と、マーケットがメッセージを出しているのだ。

■狙われた企業預金

日銀が「イールドカーブ・コントロール」（長短金利操作）策を打ち出したのが、9月21日の「総括的検証」だ。これを前に、ゴールドマン・サックスが1通のレポートを作成した。私はこれを読んだ。

そのレポートは、現在のマイナス金利政策が、これからどのように推移するかを分析した内容だった。その中で**「企業の預金に、マイナス金利が適用される」**と書いてあった箇所に、私は鋭く注目した。ゴールドマンがこのように書くということは、「これからこうなる。だからその対策を教える」という誘導に他ならない。彼らは日本人を誘導する。

たとえばゴールドマンは、この3年間、「ROE《アールオウイー》（Return《リターン》 On《オン》 Equity《エクイティ》　株主資本比率）を重視すべきだ」と、ずっと喧伝《けんでん》してきた。これで日本の上場企業を自社株買いに誘導した。自社の収益性に目を向けさせ、株価を吊り上げることと、配当の支払いを奨励した。これで得をするのは、日本の株式市場で3～4割を占める外国人投資家たちだ。

ここにマイナス金利を絡《から》めたのが、今回のレポートだ。つまり今度は、法人の預金が狙《ねら》い撃《う》ちされる。

日本の企業の内部留保は、合計で360兆円だ。そのうち220兆円が銀行預金のかたちになっている。また、メガバンクの預金口座残高の5割近くが法人の預金だ。この220兆円に対して「マイナス金利が適用される」と、ゴールドマンはレポートで明言したのである。すなわち銀行預金のままでは、目減りすると仄《ほの》めかした。こうすることで、企業の内部留保をマーケットに吐き出させようとしている。外国人投資家のボリューム（全体の3～4割）を考えると、おそらく220兆円のうちの80兆円くらいを、炙《あぶ》り出そうとしているのではないか。

こうして日本の銀行経営は、ますます追いつめられてゆく。ヨーロッパの〝TARGET2〟」ではないが、銀行が持つ「決済」という機能は、「セブン銀行」などのコンビニ店に設置されたATMによって、現に取って代わられようとしている。

（副島隆彦注。P91でも書いたように、マイナス金利は、とくに地方銀行（地銀）を苦しめている。地銀は、自己資本規制（バーゼル3）のために、リスク資産である株式を買って運用することができない。買えるのは、外国債すなわち米国債である。「マイナス金利で何も利益を出せないというのなら、米国債で運用しろ」と誘導されている。米澤氏も言うとおり、銀行が追いつめられている）

4章

個人資産を守り抜くために

●ブレグジットの落とし穴

イギリスのＥＵ離脱が決まった6月24日には、ポンドが下落して1ポンド＝135・13円（安値）、1ドル＝99・53円（安値）まであった（P19とP25のグラフ参照）。日経平均は、この日、1286円安の暴落を起こした。終値で1万5000円を割った（1万4952円）。ニューヨーク・ダウも611ドル下げて、1万7399ドルまで落ちた。

しかしこの後、ロンドンのシティ（金融の中心街）が必死で頑張った。ヨーロッパ全体で株価が下落していたのだが、それを跳ね返した。7月中には株価の下落を止めた。これがイギリスの底力である。ポンドの下落も元に戻り、ユーロより1割高ぐらいのところで落ち着いた。ユーロの下落もひどいもので、ドルと変わらない水準まで落ちそうだった。つまり、「1ドル＝100円、1ユーロ＝100円」という時代の到来だ。それを何とか阻止したということである。

しかし本当に、英ポンドを支えたのは、中国である。中国の人民元《レンミンユアン》（人民幣《レンミンビ》が正しい表記）の信用力《クレディビリティ》が、ポンドの信用を支えたのだ。ロンドン・シティで次々に起債している人民元建ての中国国債（10年もの金利＝2・7％）の信用が、ポンドを裏打《エンドース》ちし、保証《ギャランティ》したのだ。前章の米澤論文に、そのことが書かれている。

日本には〝チャンコロ・ヘイト〟、中国嫌い（本当は中国恐怖症《シノフォビア》と言う）が多いから、「中国がイギリスと組んでいる」と書くと、目を背《そむ》ける者が多い。だから中国のことは、立派そうにしている金融情報誌（紙）でも悪口、蔑視《べっし》、見下《みくだ》しの記事しか書かない。それのオン・パレードである。それでは〝片手落ち〟である。世界の実体経済（実物市場）と金融の現実を直視するなら、中国を正しく冷静に見つめることが大切である。


イギリス国民の本音の議論は、「ユーロトンネル（日本の技術で作った）を通って、どかどかと鉄道でイギリスに入り込んでくる移民たちが不愉快だ。もうこれ以上、受け入れられない」、だ。

これは人種差別《ディスクリミネイション》だといえば、まさしく人種差別である。人として、やってはいけないことだ。だが、しかし、私たちの目の前にある人間の現実の不平等《インイクオリティ》と人種差別を、公然と言うしかなくなっている。それが今のヨーロッパ人だ。その哀れさを自分たち自身が、しみじみと自覚している。自分たちが貧乏になってしまっているからだ。それでも背に腹は代えられない。とにかく移民が入ってこないのならば、それ以外の問題は我慢する、目を瞑《つむ》る、というのがイギリス国民の願望である。だから、自分たちがヨーロッパから嫌われて追放されて、島国として大陸封鎖に遭《あ》った感じで生きていくことを、イギリス人は選んだ。

もっと本当のことを書くと、たとえヨーロッパ人種の白人であっても、もう入って来ないでくれ、というのが本音だ。それは東欧のポーランドやハンガリーやリトアニアからの入国者である。同じユーロ・パスポートを持っているものだから、何の申請も申告もなしに、フラフラとどんどん移り住んでくる。移動の自由が保障されている。そしてロンドンの郊外の貧民地区の安宿《やすやど》で、失業者の群となって、ブラブラしている。それがイギリス人には我慢ならない。だからEU離脱《ブレグジット》は、案外、ヨーロッパ白人どうしの争いにもなっている。

今、一番大事な問題は、法人《コーポレット》ユーロパス（ポート）（Corporate Euro Passport）の問題である。イギリス企業が、今のまま「法人パスポート」で、ヨーロッパ中で無申告、無審査で事業を続けられるか否か、なのである。このことで日本の大企業たちが、日立製作所を中心に、イギリス政府に対して「我々、日本からのイギリス進出企業に不利益が生じないようにしてくれ」と声明文を出した。杭州《ハンジヨウ》G20（9月5日）のときだ。このことが驚かれた。

大きな問題はもう一つある。それは、ロンドンのシティの金融街がこれまでどおり、ヨーロッパ全体の金融の決済機能を維持できるかどうかだ。ドイツはフランクフルトが金融都市で、フランスのパリも決済機能を持っている。オランダも便利で大きな金融機能を持っている。オランダはタックス・ヘイブン（租税避難地《そぜいひなんち》）の機能まで持っている。

EUにとどまっていれば、自由にヨーロッパ諸都市に金融機関の支店網を開けて、金融取引が自由にできる。ところが、ブレグジットでこれが停止してしまうと、ロンドンのシティの金融機能が、極端に落ちる畏《おそ》れが現に出ている。イギリスの銀行や企業、さらには外国企業でも、イギリスを本社にしている企業群は、ヨーロッパ各国で活動を続ける場合、もう一度審査を受けて認可を取り直さなければならなくなる。すなわち、お金の移動と経済活動（企業経営）に障害が出るという危機がある。

この危機を、イギリスは何とか乗り切りたい。金融の決済機能と金融市場の中心的力をフランクフルトに奪い取られずに、ロンドンのシティで、これまでどおり続ける力を維持したい。だが前述したとおり「ユーロ恐慌」でヨーロッパ金融危機が起きたときに、共同責任でイギリスは大国として負担を強《し》いられる。このことから自分だけさっさと「一抜けた」で脱出（脱走）したことへの恨《うら》みが、ヨーロッパの首脳たちにある。

だからEU離脱《ブレグジット》するのはイギリスの勝ちだ、と単純に穿《うが》った見方はできない。ドイツのメルケルとフランスのオランドは、「ただでは出ていかせない。絶対その分の痛みをイギリスに背負わせてやる」という構えでいる。この駆け引きがヨーロッパで起きている。

●イギリスの高級不動産を中国人が買っている

いくらイギリスを支えてあげる、と言っても、イギリスと中国の関係も決して生《なま》やさしくはない。今から170年前のアヘン戦争（1840～42年）で、中国はイギリスにヒドく痛めつけられた。それまでの中国は、大清帝国《しん》（清朝《しんちょう》）で、実は世界一豊かな国だった。奴隷もたくさんいたが。1830年代までは、世界GDPの25％を持つ大帝国だった。本当だ。

アヘン戦争《オピアムウォー》を境にして、中国の世界史規模での転落が始まった。中国はイギリスのせいで、惨《みじ》めで哀《あわ》れで悲惨きわまりない乞食《こじき》のような国になっていった。以来150年間、中国は地獄の苦しみを味わった。ヨーロッパ列強（ヨーロピアン・パウワズ）に分割占領された。そのあと共産主義《コミュニズム》という、人類の理想主義の大宗教がロシア（ソビエト）からやってきて、これでまたしても国民は地獄の苦しみを味わった。それから侵略されてボロボロだ。中国人は今も、イギリスがその最初のきっかけを作ったことを絶対に忘れていない。

その後、日本軍による中国占領の戦争の時代があった。日本は「遅れて来た頓馬《とんま》」で、自分たちも欧米白人と同じような帝国主義《インペリアリズム》（外国侵略）をやれば、世界の一等国だ、と大きな勘違《かんちが》いをした。その始まりの一番大きな原因をつくったイギリスのことを中国人は、よく分かっている。

しかし、今はその仕返しをするなどということはおくびにも出さない。復活し再隆盛する中国人の底知れない強さと優秀さを、今の日本人は軽く見ている。中国をまだ見下《みくだ》して毛嫌いしているだけの自分が、どれほど愚か者であるかまったく分かっていない。

ヨーロッパにおける中国の影響力が一段と大きくなるために、中国はイギリスと組んでいる。このことを私たちは知るべきだ。今のイギリス人も中国人を不愉快に思い、見下《みくだ》して嫌っている。しかし、もうそんなことは言っていられない。ロンドン郊外の邸宅や高級住宅を中国人が「え。たったの400万ポンド（5億円）。安い、安い」と安値で拾って買っている。エリザベス女王がイヤそうな顔をしながらも、習近平《しゅうきんぺい》を「黄金の馬車」に乗せてバッキンガム宮殿に入った（２０１５年10月19日）。このことによく表われている。

旧大英帝国の植民地《コロニー》だった諸国と地域が、戦後は英連邦（The《ザ》 Commonwealth《コモンウェルス》 of《オブ》 the《ザ》 Nations《ネイションズ》）を組織している。英連邦で一番大きいのはカナダ、オーストラリアであるが、南アフリカやシンガポール、香港、インドなども入っている。ここでは野球をしないでクリケットをする。

この英連邦《コモンウェルス》が、世界中の非鉄金属の市場を押さえている。非鉄は銅、鉛、亜鉛、アルミ、錫《すず》などの金属資源である。これら鉱物資源を英連邦が押さえているので、この力も中国が当てにしている。ロンドン金属取引所（ＬＭＥ《エルエムイー》 London《ロンドン》 Metal《メタル》 Exchange《エクスチェンジ》）が、非鉄鉱物資源の世界的な取引市場である。

ここでレアメタル、レアアースなどの価格の決定権（言わば制空権）を、今から中国が握ろうとしている。中国は、自分だけで値決め《プライシング》することをやらないで、ロンドンのＬＭＥ市場を使う。非鉄やレアメタルなどで、イギリスから習う、学漢字で中国の強い市場支配力を徐々に発揮していこうとしている。これは中国の国家戦略だ。中国人をナメたらいいかんぜよ、だ。そして金《きん》である。

金《きん》の1グラムの価格

（直近5年間）

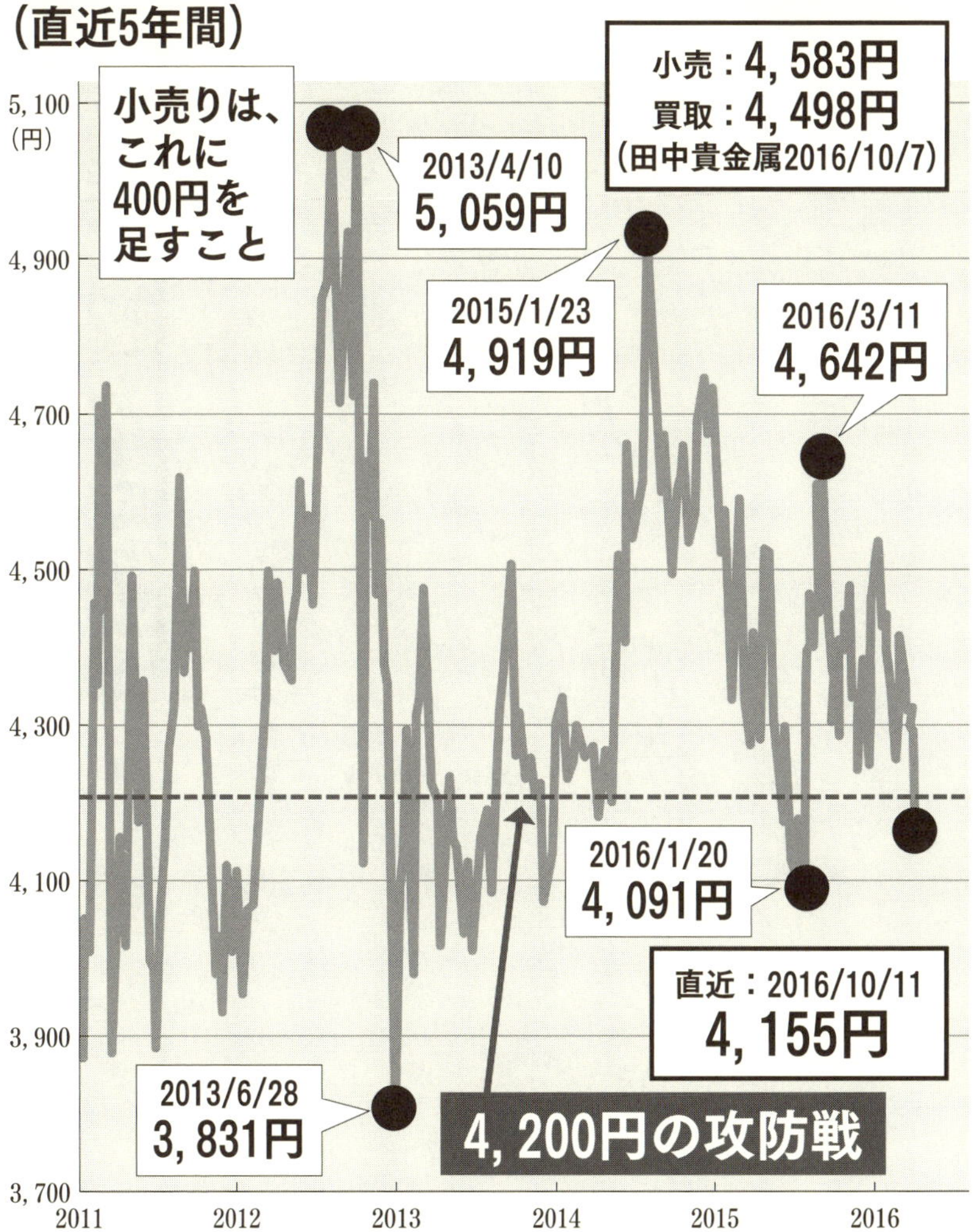

出所：東京商品取引所(TOCOM)の資料をもとに作成

東《とう》商《しょう》取《とり》（卸の価格）

4,200円割れで買いなさい。

金《きん》の価格（値段）について

●金《きん》の値段を決めるのは、これからは中国とイギリスだ

いよいよ中国はイギリスと組むことで、世界の金価格の決定権を握る。金の値段を中国とイギリスがロンドンの現物《げんぶつ》市場で金《きん》価格を決めるようになる。前述したロンドンのＬＭ《エルエム》Ｅ《イー》（ロンドン金属《メタル》取引所）が動かす。

より正確には、ＬＢＭＡ《エルビーエムエー》（The London Bullion Market Associatio ロンドン貴金属市場協会）という電子システム（入札）がこれからの金価格を決める。ニューヨークのＮＹＭＥＸ《ナイメックス》（ニューヨーク・マーカンタイル取引所）と、ＣＯＭＥＸ《コメックス》、（商品《しょうひん》取引所。ＮＹＭＥＸに合併された）、そしてシカゴ・マーカンタイル取引所（これがＮＹＭＥＸと合併してＣＭＥ《シーエムイー》グループを構成している）の先物市場《フューチャーマーケット》からもうすぐ奪い取るだろう。この段階が秒読みに入った。このことを私はすでに書いてきた。1年前に書いて出した『再発する世界連鎖暴落』（２０１５年11月、祥伝社）に載せたウォールストリート・ジャー

ＮＹ金《きん》（ＣＯＭＥＸ《コメックス》市場）の価格の推移（直近5年間）

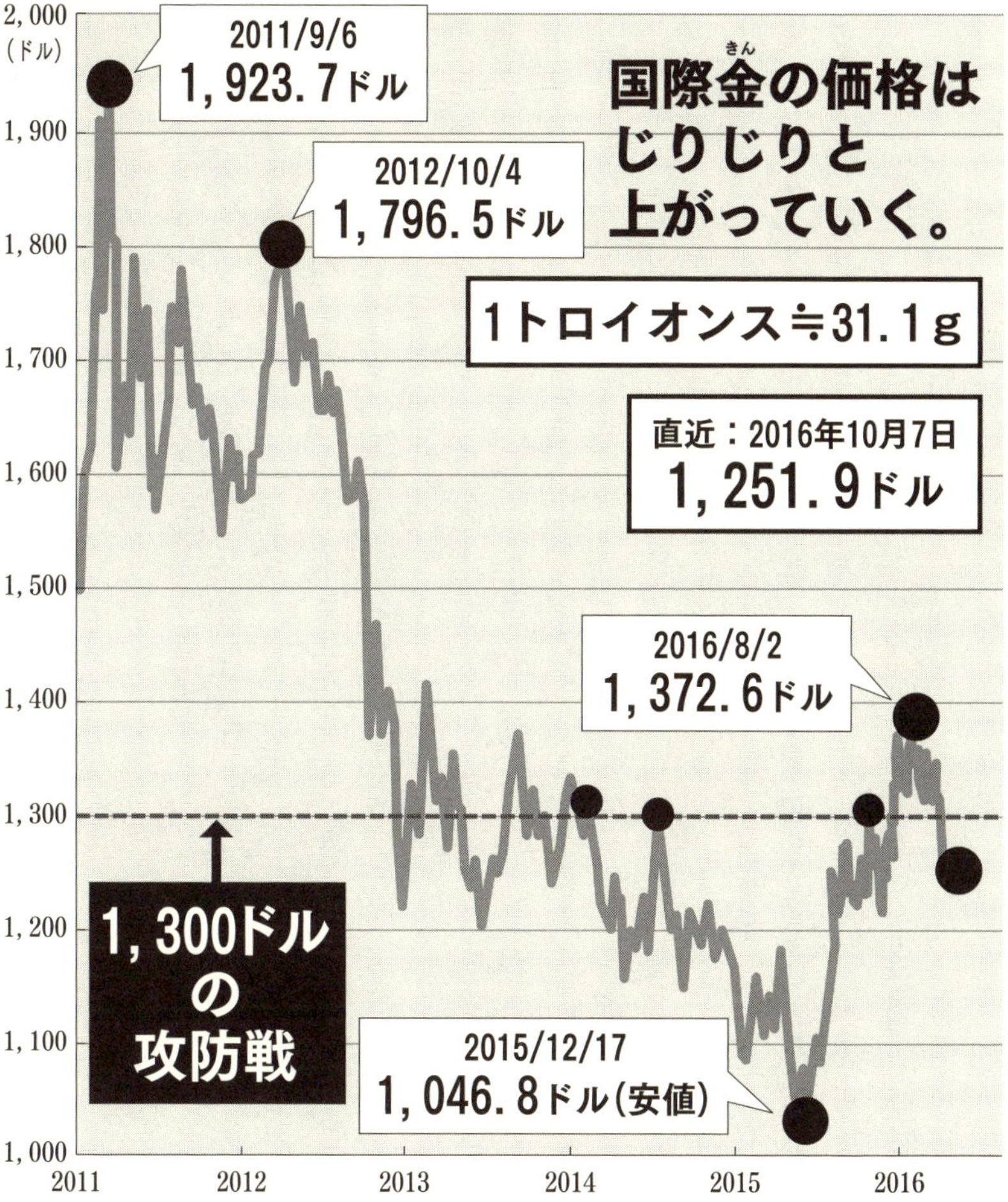

出所：ＣＯＭＥＸの期近値

アメリカ政府がドル紙幣を守るために計画的に金《きん》を売り崩している。

ナルの記事を、ふたたび掲載する。

「ロンドン金価格入札、中国の銀行が初参加」

ロンドン貴金属市場協会（ＬＢＭＡ《エルビーエムエイ》 London《ロンドン》 Bullion《ブリオン》 Market《マーケット》 Association《アソシエイション》）は6月16日、中国銀行が同国の銀行として初めて金《きん》価格を決定する電子入札に加わったことを明らかにした。ＬＢＭＡ金価格（旧ロンドン金値決め価格）の決定の基準となる入札（building《ビルディング》）には、中国銀行のほかスイスのＵＢＳ《ユービーエス》（スイス銀行）、米ゴールドマン・サックスとＪＰモルガン・チェース、カナダのノバスコシア銀行、英バークレイズ銀行とＨＳＢＣ（香港上海銀行）、フランスのソシエテ・ジェネラルの計8行が参加している。

中国銀行の英国担当ゼネラルマネジャーのユー・サン氏は「中国は世界最大の金の産出・消費国である。にもかかわらず、国際金相場の決定に（これまで）大きな役割を果たしたことがなかった。（中略）入札への中国銀行の直接参加は、中国市場と海外市場の関係を強化することになるだろう」と述べた。

（ウォールストリート・ジャーナル　２０１５年6月16日。注は引用者）

日本では、ＴＯＣＯＭ《トコム》（東京商品《しょうひん》取引所。略称、東商取《とうしょうとり》）という商品先物《さきもの》市場が、日《に》本橋《ほんばし》小《こ》網町《あみちょう》にある。ここは東京株式市場（「日本取引所グループ」）。政府、財務省が主導する）に合体（合併）されないで、今も頑強に独立の取引市場として生き延びている。

ここの理事長と社長が偉い人だ。意地でも、伝統ある先物市場を財務省・金融庁の支配から守り抜く覚悟だ。大阪の堂島《どうじま》にある商品先物市場（大阪堂島商品取引所）と、北浜《きたはま》の大証《だいしょう》（大阪証券取引所）は、どうも資本関係でシカゴ・マーカンタイル取引所（レオ・メラメッド名誉理事長）の一部門になってしまったようだ。

堂島の米《こめ》先物市場は、１７２７（享保12）年に幕府公認でできた。２９０年の伝統を持っている。正式には「米相《こめそう》場《ば》会所《かいしょ》」と言った。

私が去年、この由緒《ゆいしょ》ある大阪堂島商品取引所で講演したときに聞いた、おもしろい話がある。

レオ・メラメッド氏（84歳）は、ＣＭＥ《シーエムイー》（シカゴ・マーカンタイル取引所）の創業者で、アメリカの金融バクチ奕《う》ち市場の大立者《おおだてもの》で、恐ろしい人物である。彼は、少年（８歳）のころ、親に連れられて命からがら満州（ハルピン、大連）から東京に定期船で逃げてきた。そしてアメリカに渡っていった。ユダヤ人たちが、ロシアやドイツで迫害されて、シベリア鉄道経由で亡命《レフュジー》してきたのだ。彼が、シカゴで世界の先物業界を率《ひき》いる大金融業者になってから、大阪の堂島に来て、「ここが世界で最初の先物取引所だ」と涙を流したそうである。

●ゴールドの覇権をめぐる争奪戦

金《きん》をはじめとする鉱物資源の価格の決定権を、イギリスと中国がアメリカから取り戻そうとしている。金《きん》価格の値決めの権限をレオ・メラメッドたちが、この30年間（1980年代末から）奪い取った。この権限をふたたび「ロスチャイルド家の黄金《おうごん》の間《ま》」（本当にここで200年間、金《きん》の値段を付けてきた）が、奪い返そうとしているのだ。

だから背後では大きくヨーロッパのロスチャイルド系の資本が、アメリカのロックフェラー系の衰弱、衰退、没落を見越して動いているのである。ロックフェラー帝国は、確実に衰亡しつつある。アメリカのこのちょうど100年間（1914の第1次大戦勃発から）の一極支配の時代は明らかに終わりつつある。

イギリスのロスチャイルド家の本家（当主、総帥はジェイコブ・ロスチャイルド卿《きょう》。男爵）も90年代の一族の内紛を統合して、乗り越えて、スイスに持株会社を移して虎視眈々《こしたんたん》と構えている。ドイツ、フランス、スイス、そしてアメリカ（J．P．モルガン系がそう）で、ロスチャイルド家は生き延びてきた。

ＪＰモルガン・チェース銀行は、ニューヨークで一番のブリオン・バンク（金塊《きんかい》保有銀行）として、今も高い信用を持っている。これを「ファースト・バンク」と言う。ジェイミー・ダイモンがずっと会長だ。２兆円（１５０億ドル）とかをアメリカ政府に懲罰金（制裁金）のかたちでふんだくられながらも、高収益を出して元気である。ロックフェラー直系のシティグループのほうが、青息吐息である。ゴールドマン・サックス（ロイド・ブランクファインＣＥＯ。〝タコ入道〟）だけが、政府と一体化して動いて、異様な快気炎を吐《は》いている。そして「金《きん》を殺してやる」と今もＳＰＤＲ金《スパイダーきん》を使って、それと「裸の空売《からう》り」（ネイキッド・ショート）で、先物《さきもの》市場（ＣＯＭＥＸ）で金を下落させ続けている。

金の価格は、なかなか上《あ》がらない。どうしてもアメリカ政府（含むＦＲＢ）とゴールドマンが、金《きん》を叩《たた》き落とそうとする。Ｐ149のグラフにあるように、ＮＹ金《ニューヨークきん》（ＣＯＭＥＸ市場）で、１オンス（31グラム）が１３００ドルを割っている。10月7日（金）で１２５

1・9ドルである。グラフを見るとよく分かるとおり、1300ドルの攻防戦が続いている。8月2日の高値1372ドルをピークにして、上《うえ》に上《あ》がってゆかない。

FRBイエレン議長たちにしてみれば、米ドルの暴落（アメリカの信用崩壊）を阻止するためには、何としても金《きん》をいじめ抜いて人為的に低く抑《おさ》えつけなければならない。だから、金の下落（価格低迷）がまだ続いている。

●卸価格で1グラム＝4200円割れの今が金《きん》の底値だ！

これを日本の国内金《きん》の価格で見ると、同じように低迷している。今年（2016年）3月11日に付けた4642円から下がり基調《トレンド》である。ついに4300円の抵抗線を割って、4200円の壁も突破された。10月11日で、4155円（ドル建てなら1250ドル／オンス）である。為替は1ドル＝103円である。だから、1250÷31×103＝4153円で東京価格とピッタリ同じである。

P147のグラフを細かく見たら分かることだが、この3年間で、4300円の壁を何度も下に突き破ろうとする動きがあった。今年の1月20日の世界同時株暴落（別名、「ソロス

「副島 金《きん》の個人売買立会所」が始まる

金融統制で金の取引禁止が行なわれたら、私はただちに「金の個人売買立会所」を無料で開設する。ここで私は金を売りたい人と買いたい人の取引(売買)を見守る。

最近、Aさんから私に「金を売りたい」という依頼があった。Aさんは「15年前(2002年)に、副島先生の本で読んで、1,200円/gで10キロ購入した。現在は、小売りで4,600円/gである」と言った。

購入差額は3,400円で、10キロ売れば、3,400万円の利益が出る。これに税金が約30%かかり1,000万円とられる。「どうせ1,000万円とられるなら、その金10キロを4,000万円で友人に売ったらどうですか」と私は提案した。

Aさんは、今、考え込んでいる。

(2400円/gで購入していても、差額は2,200円で、1キロ売った税金は約20%で50万円とられる。)

もう海外に資産は逃がせない。しかし金は2キロまでなら手持ちで持ち出せる。そして金の保有(保管)は外国(フリーポート)でやるべきだ。税金は1割(10%)だ。

習近平《しゅうきんぺい》戦争」）には、金は４１９８円の安値を付けている。

今回、この安値を突き破って４１５５円まで付けた。ということは、ここらが底値だ、ということである。**金1グラム＝４２００円割れは買いである。**金融グラフの線形の動きからだけで相場を予測する、テクニカル・アナリシス（チャート分析）の立場からは、今の線形《チャート》から判断して、底値の買い場である。

ただし実際の代金の支払いのときには、これに４００円ぐらい上乗せとなる。買い値に８％の消費税と手数料（１キロで４万円ぐらい）がかかる。だから、東商取《とうしょうとり》（ＴＯＣＯＭ《トコム》。卸売市場）で４１５５円に４００円を足すと、４５５５円である。金地金《きんじがね》の小売業者の代表である田中貴金属の10月７日の店頭での売り値は、金１グラム＝４５８３円であった。理論価格とほとんど一致している。

金《きん》を初めて買ってみようと思う人は、今の安値の時期に買うべきである。徹底的に安値を上手に拾いたい人は、４０００円割れをじっくり待つ、という手もある。現に３年前の２０１３年６月には、３８３１円という最安値がある（グラフにあるとおり）。このときは、為替が１ドル＝93円と、一気に６円もの急激な円高が起きたからだ。

４０００円割れがあり得ないことはない。安倍政権の景気浮揚策はナシ。黒田日銀はマイナス金利をさらに続行、の現状では、金《きん》のさらなる下落が起きても不思議はない。だが、だからこそ、今が金の絶好の買い場(底値で拾う)なのである。

今こそ、金の買い場が到来したと考えるべきである。金を買い増したいと思うなら今、買いなさい。

●売るときには、消費税分が戻ってくる

私は、これまで金《きん》の売り方については書いてこなかった。金を売るときには、いったいどういう税金がどれぐらいかかってくるのかを読者に教えなかった。

だからここで、簡単に金《きん》を売る場合について書く。P147のグラフからも、日本の今の国内金《きん》の値段は1グラム4200円前後である(4188円。10月14日)。これは前述したとおりTOCOM(卸《おろし》)の価格だ。

自分が持っている金《きん》を1グラム4200円で売る、と決めた人は、これに300円を足した4500円が、買い取ってもらうときの手取り価格の目安《めやす》である。1キロの金を売れば450万円になる。なぜなら8%の消費税分が付いて戻ってくるからである。4200

×1・08＝4536円だ。ここから1グラムあたり36円の手数料が引かれるとして、4500円である。

この「金《きん》を売ると消費税分が戻ってくる」というのがミソである。金《きん》という特殊な貴金属に付いて回るおもしろい現象だ。最近は、この1グラム300円（8％）の差益を狙って、日本に金《きん》を持ち込む者たち（主に韓国人）がいる。金《きん》は鉱物だから、消費（減価《げんか》）しないのだ。だから「買うときに払った」消費税分が売る時には戻ってくる。何だか、おかしな感じの取引だが、これが起きる。

土地も消費（減価）しない。土地は減らない、ことになっている。それに対して上物《うわもの》（構造物）である建物は、40年ぐらいで減価償却《げんかしょうきゃく》（デプリシエイション）して価値）は、ほとんどなくなる、とされる。金《きん》は鉱物資源だから消費しない、だから消費税分が返ってくる、というのは、よくよく考えてみると、おかしな制度（税金制度）である。他の商品（財物《グッズ》）の売買には、ちょっとないことだ。私は今も、この消費税というインチキ臭い、税制について考え込んでいる。何か変なのだ。そのうち金《きん》についての税制が分かるのではないか。

ニューヨークの金は、グラフのように1オンス（トロイオンス。31・1グラム）130

０ドルを割った。再度書くが、アメリカ政府がドル紙幣の信認を守るために、今も計画的に金《きん》を売り崩しているからだ。アメリカによる〝金殺し〟である。

●個人資産を〝逃がす〟ことはできるか

私は、日本の小金持ち（小資産家《しょうしさんか》）たちを守るために、『税金官僚《ぜいきんかんりょう》から 逃がせ隠せ個人資産』（２０１３年10月、幻冬舎刊）を書いた。個人の金融資産（有り金《あがね》）の逃がし方、隠し方を、この本であれこれ提言して説明した。読んでみてください。

今はますます日本政府の監視と統制が厳しくなって、金融資産を外国に逃がせなくなってしまった。それでも、現金や金《きん》を体にくっ付けて持ち出すことならできる。あとは、その持ち出した個人資産を、どこでどのように保管するかである。金持ちは、「自分の財産（所有物）を、自分の体とともに移動させることで、国家や政府にあれこれ文句を言われたくない」と抗議するべきである。どこの国の政府も、外国から金持ち（資産家、富裕層）が資金を持ってきて、観光支出や不動産（高層住宅《タワーレジデンス》）を買ってくれることが大歓迎である。「どうぞ、来てくれ、来てくれ」である。

ところが、だ。自国の金持ちが、資産ごと、どんどん外国に逃げてゆく。税金が高過ぎる。とくに相続税がイヤだ。となると、とたんに「逃がさないぞ。徹底的に取り締まる」となる。今、世界中で「自国の金持ちを国外に脱出（資産避難《キャピタル・フライト》）させないぞ」で、各国政府が競争して、このことに血道《ちみち》を上げている。見苦しい限りである。

米、欧、日の先進国だけでなく、ロシアも中国も同じだ。金持ちがコワイのは自分の国の政府なのだ。外国政府ではない。金持ち層を税金で痛めつけて、逃げ出さざるを得ないような政策を行なっていること自体を、政府と役人たち（「税金《ぜいきん》官僚」たち）が恥じるべきなのだ。ところが、まったく恥じない。そして、ますます「富裕層の国外脱出を封じ込める」「逃がさないぞ」に没頭している。きわめて奇妙な光景である。

今からでもいいから、以下のことを努力してみてください。香港に行って、香港上海銀行（HSBC《エイチエスビーシー》）のどこでもいいので、支店に口座を開くべきだ。もうかなり難しくなっているが、まだできる。イギリスにとっての稼ぎ頭は、他をさておいてとにかく香港上海銀行（HSBC）である。日本人で香港上海銀行に口座を持っている人は有利である。何かあったら北京の共産党政府が守ってくれるからだ。香港上海銀行はこの10年、日本の金融庁や国税庁と闘いながら、一歩も退《ひ》かなかった。日本国の富裕層の資金、資産を守り続けた。今も香港を根城に非常に強力である。

香港上海銀行は、日本の資産家たちの個人の秘密であるお金の動きを、日本政府、国税庁（税務署）に絶対に教えなかった。この信用はものすごく高いものである。なぜなら、外国政府から何か言われても「香港には、政府はありません」、「香港は国家ではありません。だからもし文句があるなら、北京に言ってくれ」、「北京の共産党政府と掛け合ってください」と言う。強力なアメリカ政府の言うことも、聞かない。

それと比べると、シンガポールは少し弱い。いや、かなり弱い。シンガポールは、香港と同じフリーポート（自由貿易港）から始まった島国国家だ。マレーシアから分離して独立した国だ（１９６５年）。もともとは同じイギリスの植民地である。香港が、中国政府（北京）の行政命令に徐々に服しつつある（２０４７年に完全返還）のに比べて、シンガポールは、従来は自由度の高い国だった。

ところが、この10年でシンガポールはどんどんアメリカのＳＥＣ《エスイーシー》（米証券取引委員会。アメリカの金融監督庁）の言うことを聞かなければいけない、不自由な国になった。シンガポールの銀行に置いてある外国人たちのお金の動きが、アメリカ政府に報告が行くようになりつつある。アメリカ国民は、シンガポールの銀行には口座さえ開けなくなった。それでもシンガポール、マレーシア、タイなどに金融資産を移している日本の金持ちはたくさんいる。

金持ちだったら、何かあったときに、日本を出て、外国で住めるように、大きな高層アパート（タワー・レジデンス）の一室を買っておくべきだ。こういう、いざというときの備えをしておくべきである。ホテルに1カ月も済み続けることなどできない。これは賢い考えである。

自由貿易港《フリーポート》であるシンガポール・モデルも、だから簡単には壊れない。シンガポールは、後ろにアメリカと中国の影響をバランスよく受け止めながらやってきた賢い国である。華僑《かきよう》（オーヴァーシーズ・チャイニーズ）の国である。

●人民元は、こう動く

中国の人民元は、ついに1元＝15円まで下がった。いよいよ、これが底値だ。去年（2015年）の8月5日に付けた1元＝20円の大台から下げ続けた。まだしばらくは15円台でグズグズと動かないだろう。しかし、2017年になったら、アメリカで「ドル安《やす》政策」が始まる。そうすれば、人民元は「元高《げんだか》」で上がり始める。

もともと、アメリカは中国に対して、「もっともっと元高にしなさい。安価な中国製品が世界中に溢《あふ》れかえっている。だから元安《げんやす》をこれ以上、認めるわけにはゆかない」という立場だったのだ。とくにアメリカの労働組合が、「中国は、アメリカにまで〝One《ワン》 Dollar《ダラー》 shop《ショップ》（100円ショップ）〟と〝失業の輸出〟をしている。雇用が減って困る。政府は交渉して、これを止めてくれ」と元高を強く要求した。それと、ウォルマート（全米最大のスーパーマーケット・チェーン店）が、何でもかんでも中国製品を安く輸入して売っている。これでアメリカはデフレ経済に陥ったのだ、という説まであるのだ。

それなのに、ワル投機家のジョージ・ソロスが、人民元と中国株を攻撃する（売りを仕掛ける）という動きが2015年6月に起きた。中国株（上海総合指数《しすう》）は、5100から2600ポイントにまで暴落を続けた。このために、人民元も暴落（あるいは、大幅切り下げ）して1ドル＝6元から1ドル＝6・7元にまで下げた（P164のグラフを参照）。「円・元」相場でも、1元＝20円から15円にまで下げた。だからこそ、ようやく落ち着いた、アメリカ国内のこの1元＝15円あたりが、ふたたびの人民元の買い場である。人民元

ドル元の為替（直近の5年間）

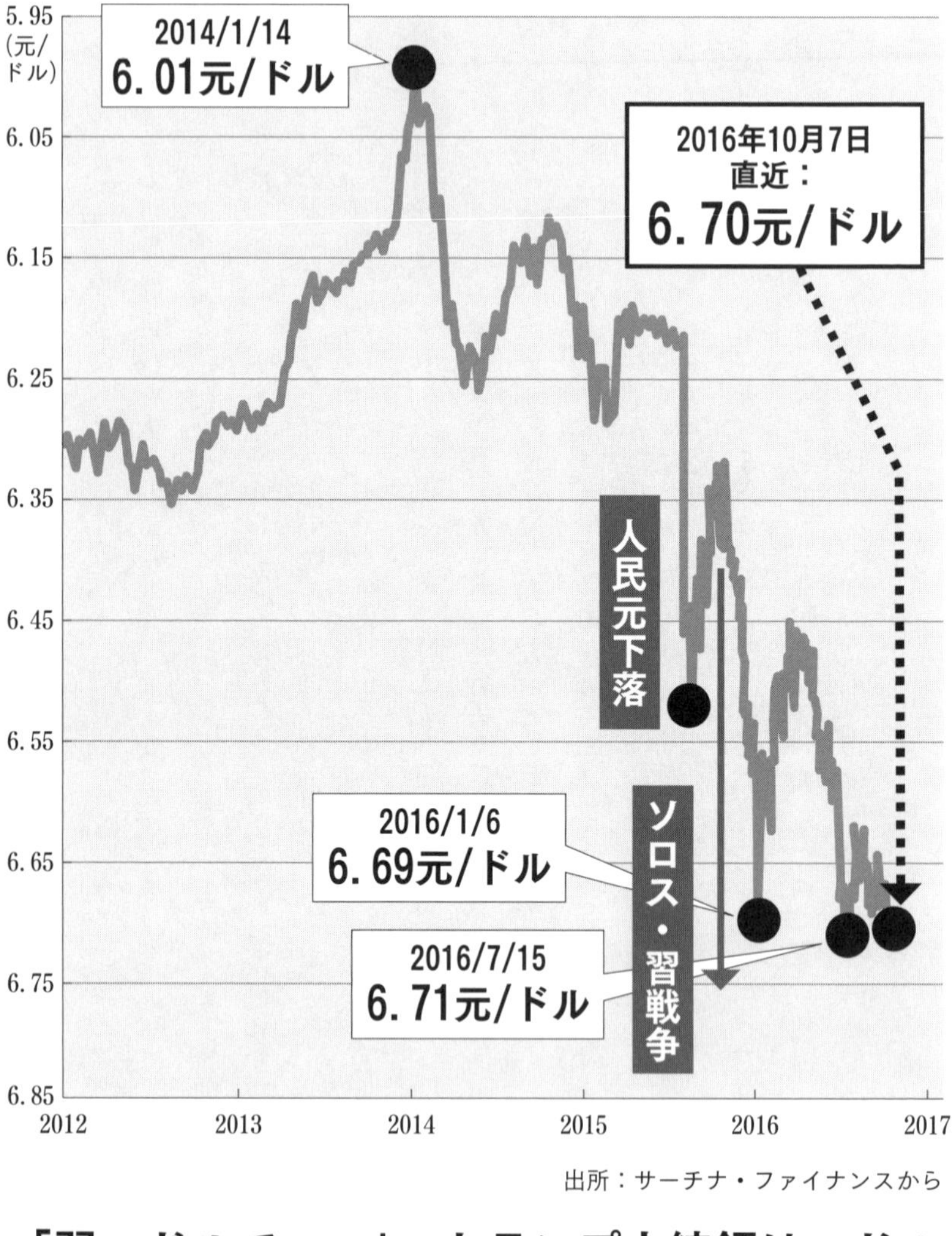

出所：サーチナ・ファイナンスから

「弱いドルでいい」。トランプ大統領は、ドル安論者である。ということは、ドルはふたたび１ドル＝６元の元高ドル安を目指す。

円元の為替（直近の5年間）

私は、1ドル＝4元＝80円を予測した。が

現実は、1ドル＝6.6元＝103円 だった

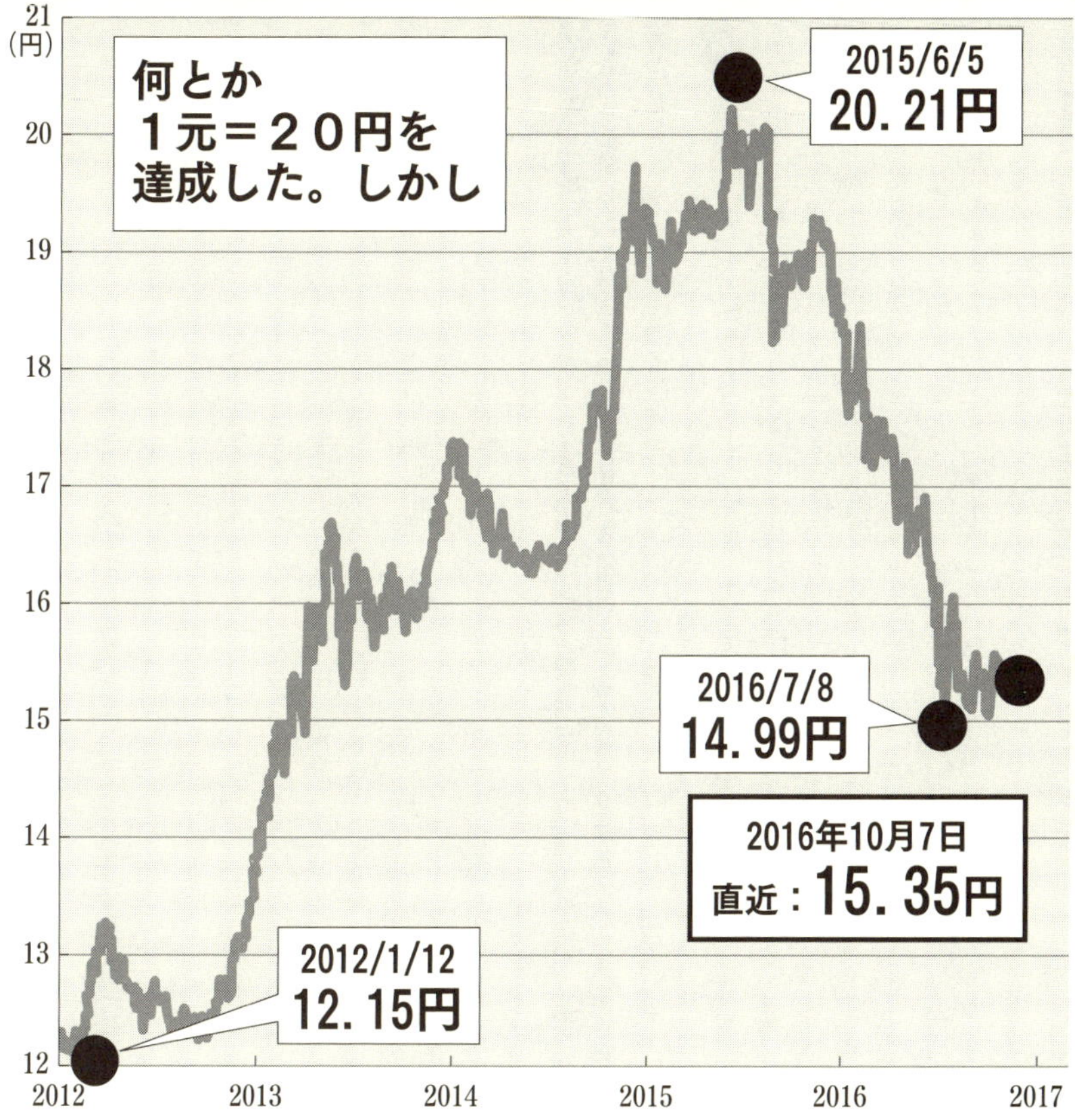

出所：サーチナ・ファイナンスから

これから元高に向かう。今が人民元は底値だ。この1元＝15円の今こそ買うべきだ。

は今から上がり始める。だから、そろそろ**人民元を買って、そのまま外貨預金にするべきである。**

人民元が反転してふたたび上昇を始める契機《きっかけ》のひとつは、次のロイターの記事にあるとおり、IMF《アイエムエフ》（国際通貨基金）が、人民元を3番目の国際通貨＝自由通貨＝基軸通貨《キー・カレンシー》＝準備通貨《リザーブ・カレンシー》としたことである。IMF内の通貨（＝特別引き出し権《スペシャルドローイング・ライツ》。SDR《エスディアール》）の構成比率は、米ドル42％、ユーロ31％、人民元11％、円8％、ポンド8％である。これで計100％だ。中国の元は、世界の11％の評価を受けたのだ。日本も健闘していて8％ある。

「IMF、人民元のSDR構成通貨採用に伴う新たな相対比率発表」

国際通貨基金（IMF）は9月30日、10月1日付で、中国人民元が特別引き出し権（SDR《エスディアール》）構成通貨に採用されるのに伴い、構成通貨の新たな相対比率を発表した。それによると、「1SDRは、0・58ドル、0・38ユーロ、1・01元、11・9円、0・08英ポンド」で構成される。相対《そうたい》比率は、昨年設定された比重を反映しており、今後5年間有効となる。

SDR構成通貨への新たな通貨の追加は、1999年のユーロ以来である。IMF

は「構成通貨は『自由に利用されている通貨』に限る」としているため、自国通貨が採用されたことは中国にとっても一里塚となる。

ＩＭＦのラガルド専務理事は、声明で「人民元がＳＤＲ構成通貨に採用されたことは、中国の金融制度、外国為替制度、および金融システムの改革の進展を反映している。同国の金融市場インフラの開放と改善を、（ＩＭＦが）認識したことを示している」とした。

そのうえで、「中国がこうした努力を継続すれば、国際金融システムの強化に貢献し、結果的に中国、および世界経済の成長と安定を支援することになる」とした。

ただ、一部では、中国は自国通貨、および経済を一段と市場原理に基づくものにするためにまだ為《な》すべきことは多い、との見方も出ている。米国のルー財務長官は前日、「中国はこうしたことを達成するまで、人民元は本当の意味でＳＤＲ構成通貨の資格は得られない」との考えを示している。

（ロイター　２０１６年10月１日）

このように、中国の国際通貨としての力は、どんどん強まっている。この記事の中にあるとおり、「（世界中で）自由に利用されている通貨」であることが、その通貨《カレンシー》の力である。お金《マネー》とは世の中で認められる信用《クレジット》のことであり、信用力《クレディビリティ》そのもののことである。より信用のある通貨（下落しそうにない通貨）を、世界中の人々は保有したがるのである。IMF内で11％の力を持つところまで中国は成長している。

そして中国は、なんと、このIMF＝世界銀行《ワールド・バンク》体制の中で力を蓄えるだけでなく、それに取って代わる、次の新しい世界通貨体制まで着々と準備しつつある。

それが、「BRICS銀行《ブリックスバンク》」（新興5大国銀行）と、AIIB《エイアイアイビー》（アジア・インフラ投資銀行。アメリカと日本を除く82カ国が参加）である。

5章

「実物経済《タンジブル・エコノミー》」の地政学

●トルコのクーデターは「資源戦争」が要因だった

今年7月14日にトルコで起きた軍事クーデターは、10時間で鎮圧され、失敗に終わった。トルコのエルドアン大統領は殺されずに済んで、権力を維持した。

エルドアンを救ったのは、ロシアのプーチン大統領である。マルマリスというトルコ南部の保養地のホテルにいたエルドアンに、プーチンが直前に電話をかけて「エルドアンよ。殺されるぞ、逃げろ」と緊急で連絡した。エルドアンの警護部隊も何人か死んでいるので、本当に危機一髪だったようだ。

プーチンは、NATO《ネイトー》（北大西洋条約機構。欧州の集団防衛体制）のヨーロッパ各国の反共《はんきょう》将軍たちの中に潜《ひそ》ませていたスパイからの通報で、クーデターを察知したという。

首都アンカラでは、エルドアン体制を守る秘密警察（政治警察）と、クーデター派の戦車部隊が交戦、衝突して、2000人ぐらいが死んだようだ。クーデター派のトルコ軍人たちは世俗派《セキュラリズム》であり、ヨーロッパ指向の強い反イスラム教原理主義である。それに対してエルドアン大統領の与党公正発展党《こうせいはってんとう》（AKP）は、ムスリム同胞団《ブラザーフッド》を母体とするイスラム教保守派だ。トルコ国民の強い支持がある。

欧州の主なガス・パイプライン

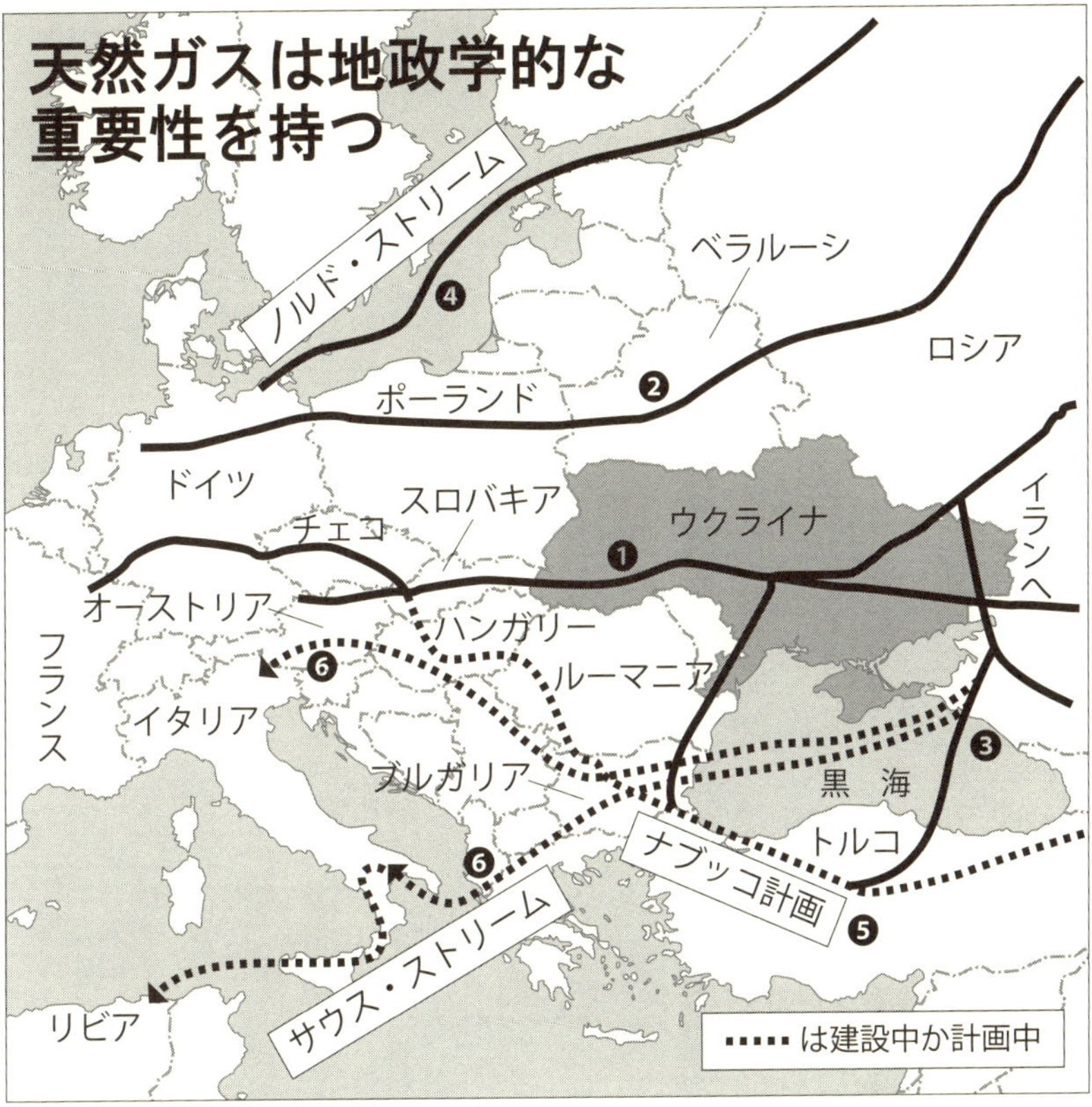

地図の上で開通年が古い順に

❶ ウクライナ経由のルート（開通1967年。年間輸送量1750億立方メートル）

❷ ベラルーシ経由の「ヤマル・ヨーロッパ」（1999年。330億立方メートル）

❸ トルコに送る「ブルー・ストリーム」（2003年。75億立方メートル。2010年に倍増）

❹ バルト海の海底を通り、ドイツに続く「ノルド（北）・ストリーム」（別名、北欧州ガス・パイプライン）。（2010年。最大年間輸送量550億立方メートル）

❺ 欧州側が主導し、トルコを経由する「ナブッコ・パイプライン」（建設中。310億立方メートル）。現在はTANAP

❻ 「サウス・ストリーム」または「トルコ・ストリーム」（建設中。300億立方メートル）

これでトルコを経由するヨーロッパ全体のエネルギー供給《サプライ》の勝敗の帰趨《きすう》が決した。プーチンの勝ちである。エルドアンは〝命の恩人〟のプーチンに恩義を感じて、中止していたロシアとのパイプライン計画を再開した。

このトルコ・クーデターの外部要因（トルコ国内の対立、憎しみは別とする）は、実は資源戦争《リソース・ウオー》である。以下に日本経済新聞に載った、ものすごく重要な記事を載せる。これは、トルコ・クーデターを予告（予見）しており、そして、見事《みごと》に自分たち西側《にしがわ》先進国（the《ザ》 West《ウエスト》）の負けであることを事後に証明した。トルコ・クーデターの1カ月前（6月）に書かれたものだ。

「無慈悲王《むじひおう》（ネブカドネザル）の亡霊？　欧州のガス計画にロシア焦燥」

欧州で進む天然ガス・パイプラインの建設計画に、ロシアが焦燥感を抱いている。ウクライナ問題などで対立した欧州は、ロシアからの天然ガスの依存度を引き下げようと調達先の多様化に動いているためだ。ロシアは、欧州連合（EU）がカスピ海沿岸のガス産出国と結ぶパイプライン計画「南方《なんぽう》ガス回廊」の成り行きを注視している。その象徴となるパイプラインが5月に着工された。5月17日、ギリシャ北部テッサロキニで挙行された「アドリア海横断パイプライン（TAP《ティーエイピー》）」（P171の地図にある❻番の一部）の着工式に欧州の主要国の代表者が集まった。ロシアのプーチン大統領は、将来の脅威になりかねないと言わんばかりに、けん制に動いた。

TAPは、ギリシャとトルコの国境地帯からイタリア南部にガスを運ぶ。その約1週間後、今度はプーチン大統領の姿がギリシャにあった。

イタリア企業などと覚書をかわしたロシア産ガスを、ギリシャとイタリアを経由して欧州に流すパイプライン（これも❻の一部）の計画について確認したとみられる。TAPの着工式典のわずか1週間後に、わざわざギリシャを訪れたのは、長さ900キロメートル足らずのパイプラインの将来に、プーチン大統領が大きな脅威を感じているからだろう。

TAPは将来、トルコを横断する「アナトリア横断パイプライン（TANAP《タナップ》）。現在工事中。❺番。旧名は「ナブッコ・パイプライン」）」と結ばれる。これはさらに、カスピ海に面するアゼルバイジャンと、トルコ東部を運ぶパイプライン「南コーカサスパイプライン（SCP《エスシーピー》　❺の延長）」と連結する。この3つがつながると、アゼルバイジャンのガスが、欧州に運び込まれることになる。アゼルバイジャンから欧州に運ばれるガスの量は、ロシアから欧州へ運ばれている量の5％程度にすぎない。だが、このカスピ海からトルコを経て欧州に至るパイプライン❺は、ロシアを脅かしかねない。

さらに、世界最大の埋蔵量を誇るイランのガスが、既存のトルコとのパイプラインからTANAPやTAPを経由して、欧州に流れることも考えられる。パイプラインが完成すると、中央アジアや中東から、大量のガスが（引用者注。ロシアを経由せずに直接）欧州に流れ込む可能性がある。

ロシアは、これをけん制し続けてきた。「カスピ海を横断するパイプラインは、周辺国の利害に影響を与える」。ロシアのラブロフ外相は、EUが推進する「カスピ海横断パイプライン（CTP《シーティーピー》）」計画に警戒感を示す。トルクメニスタンが世界4位のガス埋蔵量を誇る。ここと対岸のアゼルバイジャンを結ぶパイプラインが完成すると、TANAP（❺ 旧名「ナブッコ・パイプライン」）とつながり、大量のガスが欧州に向かう。欧州を主戦場とするロシアにとって大きな痛手となる（引用者注。そうなると、ロシアは世界の天然ガスの価格決定権を失う恐れがある。今はロシアが持

イランの内陸部の天然ガス埋蔵量が世界一である

JOGMEC（独立行政法人 石油天然ガス・金属鉱物資源機構）と
The Gulf/2000 Project at Columbia University の資料から作成

イラン制裁を終わらせた（「イラン“核抜き合意”条約」。2015年7月14日）本当の理由は、イギリス資本（ロイヤル・ダッチ・シェル）を中心にして、イランの天然ガスを狙ったものである。

っている）。

そのためにロシアは、カスピ海沿岸諸国に圧力をかけ続けてきた。２０１５年には、ロシアの国営ガス会社ガスプロムが突如、トルクメニスタンからのガス輸入を約６割も削減した。トルクメニスタンに「ロシアは信用できない顧客だ」との疑念が広がり、結果としてこの国に新規顧客の開拓を急がせてしまった。

トルコのエルドアン大統領も、ＣＴＰの実現に向けて秋波《しゅうは》を送っている。それでもロシアは、「（ＴＡＮＡＰとＣＴＰは）カスピ海に面するすべての国の同意が必要だ」と譲る気配を見せない。

ロシアは、２０１４年の後半に、ブルガリアを経由する「サウスストリーム」（❻番）が中止に追い込まれた。

しかし、ウクライナを通らずに欧州へガスを送る計画を、ロシアが断念したわけではない。トルコ経由の「ターキッシュ（トルコ）・ストリーム」（❻番の一部）は、昨年のロシア戦闘機撃墜事件（引用者注。トルコの戦闘機が待ち伏せした）でトルコとの関係が悪化して頓挫した。

しかしロシアは、ギリシャなどとのパイプラインや、バルト海を経由して欧州とつながる「ノルドストリーム2」を推進している（引用者注。プーチンは、ドイツのメルケルとドイツ語で話し込んでいる。2人は仲がいい）。

6月にロシアを訪れたイスラエルのネタニヤフ首相は、「ドアはすべてのガス企業に開かれている。もちろんロシアにも」と、イスラエル沖の巨大油田「バイアサン」の開発に、外国企業の参加を呼びかけた。実は、4月にネタニヤフ首相が訪ロした際、プーチン大統領がガスプロムによる開発への参加を打診したのだ。（一部の）イスラエル紙は、「ロシアはガス田開発に参加し、イスラエルの輸出計画を阻む狙いだ」と書き立て、「ロシアは参加を口実に地中海へのロシア軍艦の航行・停泊を要求しかねない」と警戒する。（略）

2010年の船団襲撃事件で悪化したイスラエルとトルコの関係の修復が進んでいる。ロシアと敵対するトルコへのイスラエルからのガス供給で合意間近とも報じられている。カタールの液化天然ガス（LNG）が、欧州で荷揚げされるケースも増えている。欧州の「ロシア外し」は着実に進んでおり、プーチン大統領の焦燥感は増すばかりだ。

かつて、カスピ海地域からロシアを迂回してガスを輸入するため、欧州諸国が計画するパイプライン「ナブッコ」（❺番。現在はＴＡＮＡＰ《タナップ》）がロシアの脅威だった。

ＥＵの政治家が主導したが、欧州企業が消極的だったため、今はＴＡＮＡＰに取って代わられた形だ。そもそも〝無慈悲な王〟ナブッコ（ネブカドネザル２世）を描いたジュゼッペ・ヴェルディのオペラにちなみ、ロシア（のプーチン）を無慈悲な王に重ね合わせて名付けられた（パイプライン。❺番の）名称が「ナブッコ」だ。

消えたはずのナブッコの亡霊に、プーチン大統領は焦燥感を募らせているのかもしれない。

（日本経済新聞　２０１６年６月28日　商品部　飛田雅則記者
傍点と注は引用者）

ところが、この記事から１カ月もせずに、トルコがひっくり返った。トルコはロシアとふたたび固く手を組み始めた。クーデターを咄嗟《とっさ》で生き延びたエルドアンにとって、プーチンは〝命の恩人〟である。人間は自分の命の恩人の言うことを聞く。この日経の飛田記者の記事はきわめて優れている。ヨーロッパ各国のエネルギー事情をよく調べている。冬はヨーロッパも寒いから、国民の暖房のための天然ガスは欠かせない。天然ガスの供給が止まったら国民が震える。

この記事の終わりに、「ナブッコ（今はTANAP）の亡霊にプーチン大統領は焦燥感を募らせている」と書いて、飛田記者は、プーチンをエネルギー戦略で追いつめて、すっかり有頂天になっていたヨーロッパ各国首脳（エネルギー担当相）たちの気持ちを代弁している。それが文中の「5月17日に、TAPの着工式に西側首脳が結集」である。このあと1カ月もしないで、トルコでクーデターが勃発《ぼっぱつ》してクーデター派（親《しん》西欧）が負けた。どんでん返しだ。一挙逆転でプーチンの勝ちだ。

●世界の動きを見るための大事な視点とは

「アドリア海横断パイプライン」（TAP）は、P171の地図で示すとおり、かつての「ナブッコ・パイプライン」（ナブッコ計画）、現在のTANAP（❺番）に結節《けっせつ》（直結）している。ナブッコ計画は、西側同盟《ザ・ウエスト》が主導して、ロシアのエネルギー戦略を封殺《ふうさつ》するための、ロシアを供給源としない天然ガスのパイプライン計画である。

カスピ海沿岸のトルクメニスタン（ここも天然ガスが豊富）とアゼルバイジャンを巻き

込んで、トルコを横断してヨーロッパまで天然ガスを運ぶ。この❺番の計画が実現したらロシアの生命線である天然ガスの輸出に大きな打撃である。ロシアの収入源の8割はエネルギー輸出である。私はこのことが気になっていたので、5年前に、このナブッコ計画を現地トルコにまで調査に行った。このときは、何の手がかりもつかめなかった。

西側同盟は「これでロシアを封じ込めることができる」と小躍りしていた。なぜなら、トルクメニスタンからカスピ海を渡って、バクーすなわちアゼルバイジャン、アルメニアを通ってトルコに入り、ギリシャ、オーストリアからイタリアに抜けるパイプラインができたら、どうなるか。ロシアから天然ガスの世界的な価格決定権を奪い取ることができるのだ。

プーチン（ロシア）にとっては、収入源の大半が石油と天然ガスだから、天然ガスの供給ルートの重要なところを押さえられたら、ロシアの死命を制せられるぐらいの大きな問題（ロシアの死活問題）だった。

ところが。さすがプーチンと言うべきだ。彼はきわめて優れた頭脳を持つ稀有《けう》の指導者だ。世界政治の裏側での恐ろしい駆け引きを平然とやってのける。2000年の登場から、もう16年も、ロシアのトップをやっている。国内改革があまりうまくゆかず飲んだくれになったエリツィンを、「さっさと引退しろ。殺したり裁判にかけたりしないから」と、1999年12月31日に引導を渡して、自分が大統領になった。

欧米資本（西側同盟《ザ・ウエスト》）は、「無慈悲王ナブッコ＝ネブカドネザル2世王＝プーチンを叩きのめしてやる」と、資源戦争での大勝利を確信して、着々と準備してきた。その表《あら》われが前述の日経の記事だ。そして、その中でも一番荒っぽい連中が、トルコでのクーデター（エルドアン殺し）を決行して、トルコを完全に西側＝世俗派（セキュラリズム、反イスラム教）に取り戻す計画だった。

そしてプーチンのロシアを、天然ガス資源＝収入面から絞め殺してやる、と虎視眈々《こしたんたん》と狙っていた。ところが、これだ。プーチンの「中東取《ど》り」のほうが、役者が一枚、上だった。ヴェルディの有名なオペラ「ナブッコ」（1842年、ミラノ・スカラ座で初演）については、説明できない。

トルコのクーデターでは1万人ぐらいの軍人、兵士が捕まった。この他に1万人ぐらいの公務員と大学教授たちが公職追放だ。トルコ国民が街頭に繰り出して、クーデター派と戦った。イギリスのSAS《エスエイエス》のようなトルコの特殊部隊の精鋭が、戦闘ヘリで襲撃してエルドアン殺しを実行した。そして大失敗した。クーデター派軍人たちは、〝建国の父〟ケマル・アタテュルクの伝統につながる、親《しん》西欧の近代主義者《モダニスト》であり、イスラム教を排除しようとする。この西洋近代主義に忠実な軍人たちの大きな勢力が、トルコでは軍人たちの中に脈々と生きている。

これを応援していたＮＡＴＯ《ネイトー》の将軍たち（強固な反共《はんきょう》の信念の人々。ＷＡＣＬ《ワクル》　世界反共同盟。ワールド・アンタイ・コミュニスト・リーグ）と、アメリカのＣＩＡの特殊部隊《スペシャル・フォーシズ》が大きな打撃を受けた。彼らは、ヒラリー・クリントンを一番上に押し戴《いただ》いている勢力である。このトルコのクーデターの失敗で、ヒラリー勢力（ネオコンおよび統一教会 Moonie 反共主義者）の力が、中東で巻き返そうとしたが、失敗して衰えた。これでトルコを含めて、シリア、北イラクおよびイランに対してまでロシアの力がしばらくは大きくなる。ロシアの勢力圏《けん》、影響力圏《けん》に、中東の北半分が入った、と言っていいぐらいの大きな変動である。

ロシアは、工事が止まっていた黒海横断のパイプラインである「トルコ（ターキッシュ）・ストリーム」（黒海の海底を這《は》わせて、トルコとブルガリアに上陸する。Ｐ171の地図の❻番）の工事を再開した。２０１６年10月10日に、イスタンブールでエルドアンとプー

世界の天然ガスの輸出量と輸入量

	輸出量		金額	輸入量		金額
1	ロシア	2.2億トン	10兆円	日本	1.4億トン	6兆円
2	カタール	1.4億トン	6兆円	アメリカ	1億トン	4.5兆円
3	ノルウェー	0.9億トン	5.5兆円	ドイツ	1億トン	4.5兆円
4	カナダ	0.9億トン	4兆円	イタリア	0.8億トン	3.6兆円
5	オランダ	0.7億トン	3兆円	イギリス	0.6億トン	2.6兆円
6	アルジェリア	0.6億トン	2.6兆円	韓国	0.6億トン	2.6兆円
7	アメリカ	0.5億トン	2.3兆円	フランス	0.6億トン	2.6兆円
8	インドネシア	0.4億トン	1.8兆円	トルコ	0.5億トン	2.2兆円
9	マレーシア	0.4億トン	1.8兆円	中国	0.5億トン	2.2兆円
10	その他計	3.6億トン	15兆円	その他計	5億トン	22兆円
	合計	12億トン	52兆円	合計	12億トン	52兆円

(1ドル100円で計算)資料：ＢＰ、東京ガスの統計をもとに副島隆彦が概算した

天然ガスの総輸出量＝総輸入量＝12億トン(石油換算)

天然ガスの輸出入には、ガスをそのままパイプラインで送る方法と、ＬＮＧにして専用の輸送船で運ぶ方法がある。大きな輸送船は1隻200億円ぐらいだ。ＬＮＧ(Liquefied Natural Gas 液化天然ガス)は、天然ガス(Natural Gas)をマイナス162℃以下に冷却して作る。気体である天然ガスは、極低温状態まで冷やすと液体になる。ＬＮＧは無色透明の液体である。

液化すると、天然ガスは気体のときと比べて体積が600分の1ぐらいにまで小さくなる。よく、サッカーボール4個分のガスがゴルフボール1個分になると言われている。だからＬＮＧは大量の輸送に適している。上の表のうち、日本と韓国は天然ガスをべてＬＮＧで輸入している。また、世界のＬＮＧの総輸入量のうち、7割をアジア諸国が占めている。

(『官製相場の暴落が始まる』から再掲)

チンが天然ガスの建設供給協定を結んだ。これで世界の天然ガス価格の決定権、主導権をロシアがあらためて握り直した、ということだ。

冬が寒いヨーロッパ諸国にしてみれば、どうしても天然ガスが必要だ。天然ガスの供給を絶たれると、非常に脆弱《ぜいじやく》なのがヨーロッパである。国民生活にただちに響く。大きなパイプラインは、現在、「ノルド（北）・ストリーム（❹番）」と言って、北のバルト海の海底を通ってロシアからドイツにつながっている（天然ガスを年間550億㎥供給）。そして「ノルド・ストリーム2」という新しい、もう一つ別のパイプラインの計画が進行中だ。このロシアからのノルド・ストリームの天然ガスは、オランダやフランスにも回っていく。

エネルギー問題は国家にとって、〝経済の血液〟であり、国民の生活の要《かなめ》である。だからエネルギー問題は、ものすごく大事だということが分かる。

中国とロシアのエネルギーの天然ガスの供給契約についても、私はすでに綿密に調べた。このことの重要性を、『官製相場の暴落が始まる』（2014年11月、祥伝社）に書いた。今からでも、読んでほしい。そしてロシアと中国の共働《きようどう》と駆《か》け引《ひ》きが、そのまま、日本とロシアの問題（前述した）に撥《は》ね返るのだ。

私たちは、このような経済の底力と国家（政府）間《かん》の激しい競争と交渉を理解しなければいけない。

Ⅰ.「お金《かね》の動き」と、Ⅱ.「実物経済《じつぶつ》（tangible economy《タンジブル　エコノミー》）」

の二つの面から常に見なければいけない。この二つの面から見た、世界の動きの基本をしっかりと理解しなければいけない。金融（お金《かね》）というのは、実物経済（実体経済でもある）の表面を漂《ただよ》っている脂身《あぶらみ》で潤滑油である。Ⅰ. の紙切れであるお札（紙幣）と国の借金証書である国債《ナショナル・ボンド》の量などだけで、ものごとを判断する見方は、やがて無意味になっていくだろう。いくら日本政府が金融統制《きんゆうとうせい》（やがて預金封鎖《よきんふうさ》と国民の生活統制にまで至る）をやると言っても、その土台にある実物経済《タンジブル・エコノミー》のところをいつも見るようにしなければいけない。だからⅡ. の実物経済を担《にな》っている日本の大企業の盛衰《せいすい》に注目していることも大事である。

ネット企業や電波・通信産業が、今の花形《はながた》であり時代の寵児《ちょうじ》であるかのように振る舞っている。それを人々も肯定して、ゲーム、アニメ、オタクたちが、「ポケモンGO《ゴー》」のようなことをやっている。人間というのは、このようにふわふわと軽薄に動く生き物である。が、そのように浮薄《ふはく》な考え方に頭から没入しないで、「いや待《ま》てよ」と、本当に人間にとって大事なものに投資するという考え方を私たちはしなければいけない。

●サハリンから日本へパイプラインで天然ガスを運ぶ計画

ヨーロッパ金融危機は、ヨーロッパがアメリカから軍事（安全保障ともいう）と、金融・経済の両方で見放されていく流れの中で起きる。アメリカはヨーロッパを見捨てつつある。

アメリカのロックフェラー家が衰弱しつつある。金融の場面では、シティバンク（シティグループ）は、実態として借金だらけで資産価値ゼロの会社である。シティバンクと並んでデイヴィッド・ロックフェラーの旗艦《きかん》（フラッグ・キャリアー・シップ）企業は、エクソン・モービルである。エネルギーの最大手のエクソン・モービル（1870年設立のスタンダード石油《オイル》。ＮＪ《ニュージャージー》とＮＹ《ニューヨーク》から始まった）と、2位のシェブロン（スタンダード・オイル・オブ・カリフォルニア＝「ソーカル」が、テキサコとガルフを買収合併した）の二つのロックフェラー系石油資本が実質、あまり利益を出さない巨大なボロ船、空《から》船になりつつある。

プーチンと安倍晋三が北方領土と天然ガスを取引する

写真：時事通信フォト

2016年9月2日、ウラジオストクで。

プーチンは天然ガスを売って、日本からシベリア開発費がのどから手が出るほど欲しい。日本は、安価なエネルギーが欲しい。いちいち天然ガス輸送船で冷凍して運んでくるなど、バカがやることだ。

時代は石油（原油）から天然ガスに移っている。

この問題は、アメリカ本土のシェールガス開発は大失敗だ、と私がこれまでに何冊もの本で書いてきた。え、そうなの。と驚く人は驚くがいい。今は、カスピ海からの天然ガスのパイプラインが、ロシアと中央アジアから、どのようにヨーロッパへ引かれて運ばれるか、が中心に存在する。エネルギー問題とは天然ガスである。

ロシアは極東のサハリン（旧樺太《からふと》）の豊富な天然ガスを、急いで日本国内に輸出したい。急いでサハリンのブリゴロドノエ（積出港）から稚内《わっかない》まで、200キロメートルの海底にパイプラインを引くという重要な国家政策を、日ロ2国で進めなければいけない。さらには、シベリア大陸からサハリンに高速鉄道を通したい。サハリン南端から海底トンネルで、宗《そう》谷岬《やみさき》まで（たったの50キロメートル）を通す計画まである。

9月2日に、プーチン大統領が安倍晋三首相とウラジオストクで会談した（これで14回目）。そして次の12月15日に、山口県長門《ながと》市で首脳会談を行なう。「北方領土4島」のうち歯舞《はぼまい》、色丹《しこたん》の2島だけの〝先行返還〟でさえ大変なことだ。これに国後《くなしり》島と択捉《えとろふ》島まで入れて、このうち国後島まで3島を返還すれば、島と海面の合計面積でちょうど半分らしい。日本政府は、この「海面の面積半分をまず返してくれ。あとは何十年か先でいい」の線でずっとロシアと交渉しているらしい。それで平和条約が結べればいい。

4島一括《いっかつ》返還は、ロシアにとってはあり得ない。日本もできるとは思っていない。日ロの両政府は、70年間も放ったらかしの平和条約《ピーストリーティー》（＝戦争終結条約）を、何としても結ばなければ済まない。そのための交渉材料は、サハリンの天然ガスである。ここの天然ガスが日本に来れば、エネルギー代（電気代を含む）が半分以下で済むのだ。そして国後島、択捉島にはノービザで日本人が簡単に行けるようにする、という案がある。

「2島先行返還も排除せず交渉」

外務省でロシア外交を担当し、安倍首相の実の弟でもある岸信夫《きしのぶお》副大臣が10月8日、滞在先のボスニア・ヘルツェゴビナで日本テレビの単独インタビューに応じた。北方領土問題について、歯舞・色丹2島の先行返還も排除せず、交渉を進めていく考えを示した。

――（歯舞・色丹）2島引き渡しを先に進めていくことも選択肢の一つか？

岸信夫副大臣「できるだけ広いオプションの中で解決策を見いだしていく。原則論だけで言っていてはまとまってこなかったというのがこれまでの歴史だと思う。これまでの膠着《こうちやく》した状況が続くということは、やはり適切ではないと考えている」

岸副大臣はその上で、元島民の自由な往来と漁業権の確保が最優先の課題との認識を示した。

岸信夫副大臣「旧島民の皆さんの自由な往来、漁業者の安全操業のための環境、そうしたことが早く実現できるようにしていくというのも我々の仕事と思う」

また、北方4島に約1万7000人のロシア人が暮らす現状について、「我々の要望だけを100%通す交渉は成立しない」と述べ、ロシア人の居住権を認めることを検討する考えを示した。

山口県での首脳会談まで2か月あまり。日本とロシアの外交当局はヤマ場に向け、今後、協議を一気に活発化させることにしている。

（日本テレビ　2016年10月9日）

日本は、「サハリンから天然ガスを引く計画」が43年前から着々と進んでいる。偉大だった愛国者の政治家田中角栄《たなかかくえい》（アメリカに潰された）が、1973年9月の世界的オイル・ショックの直後から動き出して、モスクワに永野重雄《ながのしげお》以下日本の財界人400人を送った。こうやってサハリンからの原油と天然ガスの輸入を追求した。これで日本は、中東の石油に依存しなくてもよくなる。アメリカは、日本が石油メジャー（エクソン・モービルと現シェブロン）から石油を買うのが減るのを嫌がって、角栄《かくえい》を「アメリカに逆《さか》らう民族指導者《ナショナリスト》」として失脚させた（1974年10月、『文藝春秋』の「田中角栄研究——その金脈と人脈」）。

以来、延々と九州のほうまで、天然ガスのパイプラインは着々と敷かれている。サハリンと稚内の海底パイプライン（浅瀬《あさせ》らしい）を引いて、開通させさえすれば、日本は安いエネルギーを近場からふんだんに入手できるのだ。それなのにアメリカが長年、いつもいつも邪魔をした。またするだろう。それでこれまでどおり、オイル・タンカーとガス専用輸送船（液化天然ガス船）で遅々《ちち》として運ばせる気だ。

サハリン・パイプラインがつながれば、輸入の手間は、ほとんどかからない。安い天然ガスが、いくらでもロシアから手に入る、というのに。日本のエネルギー問題の一番大事なところがいまだにこの有《あ》り様《さま》である。

6章

帝国の衰亡とマイナス金利時代の終わり

●アイショレイショニズムは「国内問題優先主義」

アメリカの政治が大きく変わろうとしている。この本が出るころ、アメリカでドナルド・トランプ大統領が誕生しているだろう（11月8日）。何よりもヒラリー・クリントンは明らかに病気であり、過去の人である。

トランプの対外政策は、まずヨーロッパ人に対して、"You《ユー》 take《テイク》 care《ケア》 of《オブ》 your《ユア》 own《オウン》."と言った。「自分のことは自分でやってくれ」ということである。アメリカはもう同盟国（allies《アライズ》）の面倒を見きれない。そんな余裕はアメリカにはもうない、という考え方である。これはドナルド・トランプだけの意思ではなく、アメリカ国家全体の意思として突き放すという考え方になっている。

アメリカは世界帝国《ワールド・エムパイア》のくせに、大借金《だいしやっきん》国家（貿易赤字が毎年なんと60兆円の超《ちょう》債務国）である。「もう自分のことで精一杯だ。ひとのことなど構っていられない」という状態である。この考えを、「アイソレイショニズム（isolationism）」と言う。「アメリカは家に帰ろう」という政治思想である。

これを×《バツ》孤立主義と訳すのは大間違いだ。アイソレイショニズムは、本当は○《マル》「国内問題優先《ゆうせん》主義」と訳すべきだ。○国内重視主義でもよい。「アメリカの若者を外国で兵士として死なせるな」、「なるべく外国のことに関わるな」という思想だ。それに対してヒラリーたちは、「積極的に外国に関わろう」、「世界中にアメリカの力をもっと広げよう」という考えだ。これをインターベンショニズム（interventionism）「積極的外国干渉《かんしょう》主義」と言い、その別名はグローバリズム（globalism）「地球支配《しはい》主義」である。私は、アメリカにとってはアイソレイショニズムが正しい、とずっと考えてきた。一貫して「アメリカは自分のことに専念しろ。諸外国を見下《みくだ》して、自分の家来、子分にするな」と考える。だからトランプのアイソレイショニズムに賛成である、

　愛国右翼でもあるトランプ大統領は、どうしても戦争をしなければいけなくなったら、する。そのとき、彼は「いくらかかるんだ。３００億ドル（３兆円）しか出さないぞ。３カ月で戦闘を終わらせて、軍隊を引き揚げろ」と命令するだろう。だから、諸外国に置いてある軍隊（駐留米軍）も、経費《エクスペンシズ》がかかって仕方がないので、どんどん撤退《ウイズドロー》（本国に帰還）させようとする。これは帝国《エムパイア》というものの運命《フエイト》に関わる、歴史の法則である。

　トランプは企業経営者（大規模不動産業者《ジャイアント・リアルター》）だから、赤字《あかじ》の垂《た》れ流しにウルサイ。だから、どんどん事業撤退する。外交政策専門家《フォーリン・ポリシー・エクスパーツ》たちは、「米軍再編《ミリタリー・リフォーメイション》」と気取って

言うが、その実は米軍縮小であり、軍人、兵士たちの大量のリストラである。

●サウジアラビアが「米国債売却」を言い始めた

トランプは、日本に対して、どういう態度に出るか。

やはり“You take care of your own.”の政策だ。「アメリカは、もう日本の面倒を見きれない」と言うだろう。日本の安全保障（軍事、防衛）については、今は毎年6500億円ぐらいを、〝思いやり予算〟というかたちで払っている。「陸、海、空そして海兵隊の米4軍」の在日米軍駐留費用として払っている。正式には、「ホスト・ネイションズ・サポート」（host nation's support）という。何と訳すかによるが、「守ってくれている国へのご支援金」だ。もっと分かりやすく書くと〝用心棒代〟だ。これを3倍に増やすという話になる。そうすると「毎年、1兆9000億円を払え」という交渉に入ることになる。

このように巷《ちまた》では言われている。だが、コトはそんなに単純ではない。韓国は、毎年、駐留米軍に90億ドル（9000億円）ぐらい払っているらしい。韓国は日本と違って敗戦国ではない。それでもこんなに払わされている。朝鮮戦争《ペニンシュラ・ウォー》（1950～53）のときから、ずっと駐韓米軍がいる。米軍は韓国からも撤退したがっている。

日本がアメリカ政府に払っている用心棒代（傭兵《ようへい》代とも言える）は、毎年たったの６５００億円などという端金《はしたがね》ではない。本当は、毎年30兆円ぐらいずつ払っている（貸している）。まさか、そんな。そんな巨額の金額を、日本が「お守り代」として払っているなんて信じられない、と言う人は言えばいい。高学歴のまともそうな連中（勉強秀才）ほど、「右へ倣《なら》え」だ。でも日本人は、全員、アメリカに脳をやられて洗脳《せんのう》（ブレイン・ウォッシング、あるいはマインド・コントロール）されている。本当だぞ。

日本国は、アメリカ国債をこれまで40年間に買った残高を、総額で１０００兆円ぐらいを抱えている。それを隠し持っている。毎年30兆円前後で30数年間分だ。この１０００兆円は、日本政府の８つある政府系銀行の中に「外債《がいさい》保有残高」として年々、積まれている。絶対に公表しない。できない。この他に、機関投資家《インスティテューショナル・インベスターズ》と呼ばれる大銀行や大証券、農協をはじめ各種共済団体などが買って持っている。さらに、トヨタなど日本の輸出大企業が、ニューヨークで、米国債で資金を運用しているものを含めた総額が、それが１０００兆円である。

この１０００兆円は、日本国がアメリカに差し出している担保である。しかし、これらの保有《ほゆう》米国債は売れない。売らせてもらえない。売ったらアメリカ政府（ジェイコブ・ルー財務長官）が、顔を真っ赤にしてただちに飛行機で飛んでくる。そして、日本の政権政治家、高官たちを怒鳴り散らすだろう。みんな震《ふる》え上がる。これが真実の日米関係だ。

ところが中国は、売る。中国は手持ちの米国債を平気で、とは言わないが、売るときは売る。これが、アメリカが一番恐れていることだ。中国が、米国債をニューヨークの債券《ボンド・》市場《マーケット》で本気で売り始めたら、米国債はただちに大暴落する。10年もの国債の利回りが、現在の年率1・6％から一気に6％台ぐらいに撥《は》ね上がる。中進国《ちゅうしんこく》の国債並《な》み（格付けでシングルAか、B2《トゥー》プラスぐらい）になる。大変なことである。こういうことが起きたら、**今の日本を含む「先進国のマイナス金利時代」は即座に終わる。**アメリカが没落して世界体制《ワールド・オーダー》が変更する。

すでに、その予兆《よちょう》が出ている。サウジアラビアがアメリカに怒り出している。サウジは中国、日本と同じように米国債を大量に買って持っている。米財務省は、サウジの米国債保有残高を1200億ドル（12兆円）と発表した。が、そんなものは大ウソだ。その10倍の1兆2000億ドル（120兆円）は買って持っている。

このサウジが、「もう怒った。我が国はアメリカ国債を売り払う用意をしている」とアメリカに警告を突きつけた。それはアメリカで、2001年の〝9・11《セプテンバーイレブン》事件〟の損害賠償を、今ごろになってまだ請求できるという「サウジ提訴法案」が成立したからだ。しかも、テロリストに対する請求ではなくて、サウジ政府も訴えることができる、という法律だ。

「米同時テロ遺族のサウジ提訴法案、大統領拒否権覆し成立」

同時テロに関与した外国政府への損害賠償請求を可能にする法案に、オバマ米大統領が拒否権（veto《ヴィートウ》）を発動した。このことを受け、米上下院は9月28日、いずれも賛成多数で再可決し（て、大統領の）拒否権を覆《くつがえ》して法案は成立した。拒否権が覆されるのはオバマ政権下で初めて。テロ遺族が、サウジアラビア政府を提訴できるようにする法案で、両国関係の悪化は必至だ。

上院は97対1、下院は348対77の賛成多数だった。上院で反対票を投じたのは民主トップのリード院内総務《いんないそうむ》だけ。法案は、9月10日までに上下院が賛成多数で可決された。（それに対して）オバマ氏が23日に外交関係を憂慮し拒否権を発動したが、上下院がそれぞれ3分の2以上の多数で再可決した。このため法案は成立した。

同時テロではテロ実行犯19人のうち15人がサウジ国籍だった。米議会は7月、実行犯の一部をサウジ政府関係者が支援していた、とする同時テロ報告書の機密指定《デクラシファイド》を解除した。同時テロの遺族はサウジ政府を連邦裁判所に提訴したが、外国政府の免責特権を理由に審理されなかった。

サウジ側は法案が成立すれば、（米国内に）保有する米国債など7500億ドル（約75兆円）分を売却する、と警告していた。イラン核合意で悪化した米サウジの関係が、今回の法案成立でさらに深刻化するのは避けられない。

（日本経済新聞　2016年9月29日　注は引用者）

このように、中国とサウジアラビアが米国債を売ったら、それを誰が引き受けるのか。引き受け手がいなかったら、その国の国債は、瞬時に信用（クレビリティ）を失う。債務超過に陥って国家破産だ。だから、日本が引き受け（借金の肩代わりを）させられるのだ。そうやって積もりに積もった1000兆円（10兆ドル）である。まさか、そんな雲を摑《つか》むような話を私は信じない。という人に私から予《あらかじ》め返答しておく。

いいですか。アメリカの連邦政府《フェデラル・ガヴァメント》（中央政府）が抱えている財政赤字は、現在19・

3兆ドル（2000兆円）だ。一昨年から、ついに公表を止《や》めた。本当は、地方政府《ローカル・ガヴアメント》（50の州と40の大都市）の分と、健康保険（社会保険）とかを合わせると、その3倍に増えて6000兆円（60兆ドル）になる。では、この大借金を、いったいどこが、誰が引き受けて、債券《セキユリテイーズ》（証券）の形で買っているのか。よーく自分の頭で考えてごらんなさい。

だから、本書の前のほうの「永久国債」（P71）のところで書いたとおり、「50年もの、60年ものの米国債」の他に「100年債（100年で返す）」の「カリフォルニア州債《しゆうさい》」とか「ニューヨーク市債《しさい》」というのまで日本は山《やま》ほど買わされているのだ。私は、不愉快だ。もうこれ以上は書いて説明しない。私、副島隆彦は、「真実暴《あば》きの言論人」だということを忘れないでください。呼ばれれば（招かれれば）、どこにでも出駆《でか》けて行って、誰とでも堂々と公開で議論します。

さて、それで。この1000兆円（10兆ドル）の日本の米国債購入残高が、これからトランプ大統領との交渉材料になる。「日本はアメリカに、1000兆円貸し付けてあります。ほとんどは米国債のかたちです。まず、この1割でも返してください」と言うと、トランプ大統領は目を丸くして「ひぇー。そんなにあるのか。私は知らない。誰も教えてくれなかったぞ」と、まず言うだろう。

●アメリカは「世界の警察」を返上した

繰り返す。この本が出るころ、アメリカの大統領選挙で、ドナルド・トランプ氏が当選しているであろう（11月8日）。ヒラリー・クリントン女史（ワル女）の負けである。私は5月からこのように予測、予言してきた。このことについての本もすでに2冊書いて出版した。『トランプ大統領とアメリカの真実』（日本文芸社、7月刊）と『Lock《ロック》 Her《ハー》 Up《アップ》！ヒラリーを逮捕、投獄せよ』（光文社、10月刊）である。興味のある人は買って読んでください。

アメリカは、これから大きくは「内向き」と呼ばれる、アイソレイショニズム isolationism の政策を取る。

前述したが、これは×「孤立主義」と訳すべきでなく、○「アメリカは国内問題を優先する主義」と訳すべきである。日本の新聞の理解も訳語も間違いである。間違いは間違いだから訂正せよ。アメリカは、もう外国に企業も軍隊も出てゆくことはなるべく避ける、という考えだ。

バラク・オバマ大統領のときにすでに、この「軍事的に撤退する、国内に引き揚げる」

という政策は始まっていた。これの別名が“America《アメリカ》, first《ファースト》!”である。

これも✕「アメリカ第一主義」などと、「私が一番」みたいな意味不明のバカな訳語にすべきではない。これも「アメリカ国内優先（重視）主義」である。なるべく諸外国のことに関わらない、という考えだ。アメリカの若者たちが、兵士となって外国で死ぬことはやめにすべきだ、という政治思想《ポリティカル・ソート》である。

もし、どうしても海外で戦争をしなければ済まない、のなら、短期間で終わらせる、という考えだ。外国駐留軍（派遣軍）は、どうせ帰らなければ済まないのである。外国のことよりもアメリカ国内の問題（まず政府の大借金）を何とかしよう、という考えだ。トランプ大統領は、大きくはこの立場である。そのようにはっきりと「私はアメリカ・ファーストだ」と公言した。

もうアメリカは、世界の警察官（ワールド・ポリスあるいは、グローバル・コップ）になるという考え方を捨てた。これは、はっきり表明されている。誰も異論を唱えない。noncommittal（ノンコミッタル）という英語も使う。“We are noncommittal.”は、「私たちは、もう外国のことに関わりたくない」である。この考えは、「だが、おカネをそっちが出してくれるならば、考えてもよい」となる。これが今のアメリカ国民の多数意思である。

それに対して、ヒラリーたちは、再説するが「積極的に外国のことに関わろう」、「独裁国のかわいそうな国民をアメリカが救《すく》ってあげよう」という、humanistic interventionism《ヒューマニスティック インターヴェンショニズム》「人道的《じんどうてき》（他国）介入《かいにゅう》（干渉）主義」である。この考えが、このたび決定的に敗れた、ということである。

在日米軍が撤退する動きは、すでに起きている。米軍関係者は皆、知っている。日本国民が知らされていないだけだ。沖縄にいる8000人（家族まで入れて2万人弱）の海兵隊（Marine Corps《マリン コー》）は、リストラされていなくなる。かたち上は、グアムのアンダーセン基地に移転する方針で動いている。しかし、実際は全員リストラで辞めさせて予備役《リザーブ》に入れる。か、沿岸警備隊（Coast Guard《コースト ガード》）に再編入することが決まっている。再就職先として、トランプ大統領が新設するメキシコ国境との国境警備隊（National Border《ナショナル ボーダー》 Patrol《パトロール》）に編入させるらしい。

しかし、こういうことは、日本国内ではまったく議論しない。裏側では、海兵隊の軍人たちの退職金の一部も日本政府が払え、という話し合いが行なわれている。グアムの電力設備は、すべて日本の金《かね》で作られたものだ。

沖縄の普天間《ふてんま》基地にいるのは海兵隊の中のMechanic《メカニック》 Cavalry《キャバルリー》「ヘリコプター機動部隊」である。それが辺野古崎《へのこさき》に移転することになっている。実際は辺野古崎に行く気はない。彼らは海兵隊だから、全部沖縄から撤退である。では、辺野古崎のV字型に作ることになっている短い滑走路（800mぐらいか？）は何のためか。あれは、日本の自衛隊が、将来持つであろう空母（航空母艦《エアクラフト・キャリア》）の発着艦訓練をするための飛行場なのだ。

こんなことは、日米関係の上のほうの人々は知っている。けれども、国民には教えない。沖縄には自衛隊がどんどん増強されている。できることなら沖縄出身の自衛隊員で賄《まかな》いたい。が、そういうわけにもいかない。こういうことは、翁長雄志《おながたけし》知事と菅義偉《すがよしひで》官房長官の間で、裏の裏では話がついていることである。

●トランプの経済政策とは

来年、2017年1月20日に、就任式（Inauguration《イノギュレーション》）があって、トランプ大統領が誕生する。トランプは、どういう経済政策《エコノミック・ポリシー》をやるか。トランプは9月15日に、「ニューヨーク経済《エコノミック》クラブ」NYECという財界人と有名エコノミストたち700人が集まる団体で、初めて自分が実行する経済政策について、まとめて発表した。自分の政権の経済政策スタッフに入る財界人（ビジネス・サークル）ついては8月に発表した。

トランプは、このNYECで概要を次のように話した。

1. 減税《タックスカット》を実行する。 これは積極的財政策である。 **2. 金融緩和。** これまでの低金利（ゼロ金利）政策から転換する。 **3. ドル安《やす》政策。** これで実体経済を支える。輸出の増加を目指す。ドル安を容認するのだから〝強いドル〟を目指さない。

1.の減税では、個人の最高税率を現行の40%から33%に引き下げる。法人税も35%から15%に大きく引き下げる。規制撤廃《デレギュレイション》を行なって、実質成長率を今の2%（真実は1%）を3%に引き上げる。

2.金融緩和（イージング・マネー）を行ない、低金利をくい止める。これで、この4年間、FRBイエレン議長が実施してきた、金利を下げることでジャブジャブ・マネー（流動性の放出。安い資金が使える）で「口先誘導の株価吊《つ》り上げ」策を、バッサリと切り捨てて、不景気（デフレ）であっても金利を上げると、いう金融政策《マネタリー・ポリシー》に転換する。

3.この4年間は、強いドル（ドル高）演出で、世界中からアメリカに資金を呼び込む

イエレンは米失業率を10%から5%に下げたことを自分の大業績だと思い込んでいる

しかし元がウソの統計

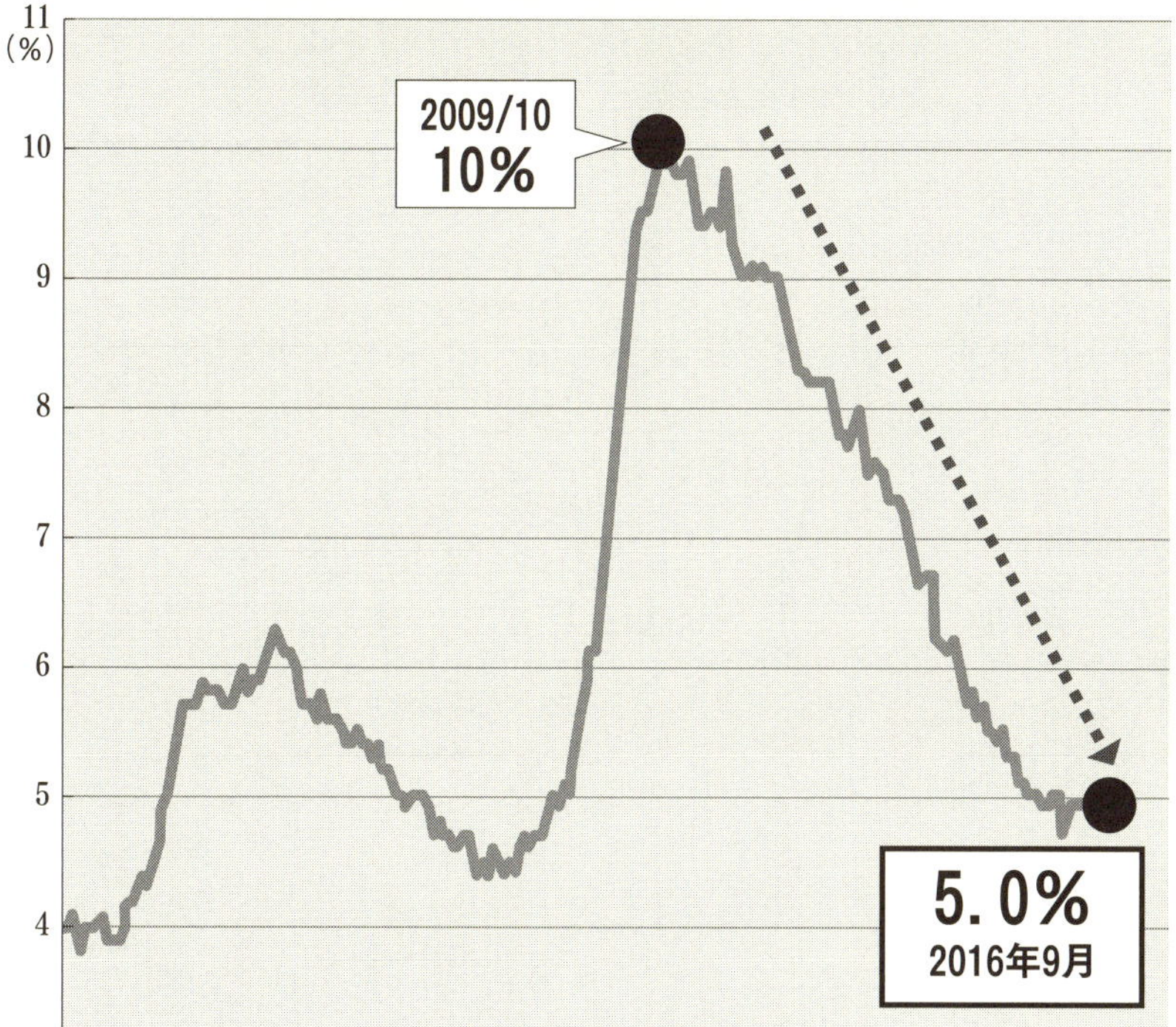

出所：米労働省

本当の失業率は、20%以上ある。アメリカもデフレで大不況。失業者数がすごい。

政策だった。これをやめて、ドル安（円高になる）にして、アメリカ製品の輸出を促進する。「マネー中心から実体経済（実物《じつぶつ》経済）重視へ」の変更だ。そうしないといけない。年間6００億ドル（60兆円）に達した貿易赤字《トレイド・デフィシット》を少しでも減らして健全にしないと、アメリカは大変なことになる、とトランプは考えている。

2．の金融面でトランプは、FRBの大改造をやるだろう。イエレン議長をはじめ、ダドリーNY連銀総裁、ラエル・ブレイナード理事、スタンレー・フィッシャー理事、ジェローム・パウエル理事、ダニエル・タルーロ理事たちがクビになるだろう（P56の表を参照）。

イエレン婆さんの後のFRB議長には、本当に、投資家（投機屋、企業乗っ取り屋）のカール・アイカーンあたりを据《す》えるかもしれない。トランプたちアメリカの実業家（本物の経営者）の本音は、「FRBなんか要《い》らない。解体せよ」なのである。そんなバカな、と思う人は放っておく。このことは、この本では説明しない。

イエレンFRB議長は、この6年間で、アメリカの失業率を10％から5％にまで下げたことを自分の大きな業績だと思い込んでいる。全米雇用統計の数字の上では、失業率は2

次のトランプ大統領はドッド＝フランク法を廃止して、グラス＝スティーガル法を再導入する

カーター・グラス　ヘンリー・スティーガル　1929年にＮＹで始まった世界大恐慌

グラス・スティーガル法（銀行法。1933年に成立）が、商業銀行と投資銀行を分離した。その66年後の1999年に、ビル・クリントンがこの法律の廃止案に署名した。

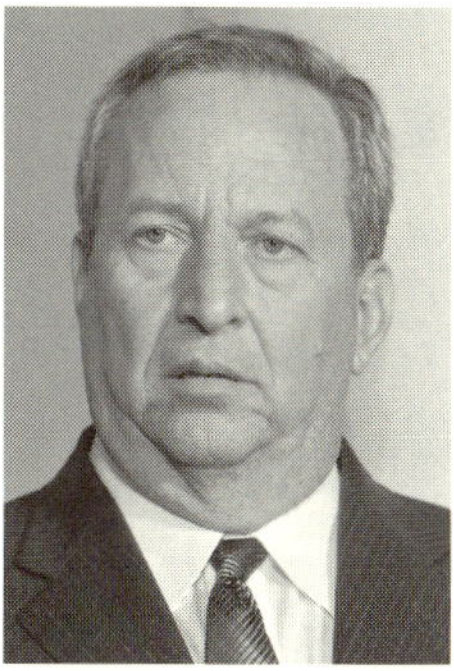

←ドッド＝フランク法（ボルカー・ルール）をつくった張本人のローレンス・サマーズ元財務長官

「ボルカー・ルール」とは金融規制改革法（ドッド＝フランク法）の中核となる「銀行の市場取引規制ルール」のこと。2015年7月21日から全面適用されている。

写真：ＣＮＰ／時事通信フォト

009年10月に10%だった。これが、今年の9月で5%になった、としている。ところが、この雇用統計自体がもともとウソの統計数字だ。

ドナルド・トランプは、「イエレンよ、そうではないだろ。本当の失業率は41%か26%だ(年齢層によって差がある)」と発言した。この雇用統計の数字を誰から聞いたのかは分からない。が、経済学者たちの間で根拠がある数字なのだろう。私は、今のアメリカの失業率は本当に20%台だと思う。正規の社員になれず、コンビニなどで働く若者たちがアメリカにはたくさんいる。

〝金融バクチ禁止法〟の復活

それから、トランプは、ニューヨークの大銀行たちの横暴に怒っている。だから、「大銀行規制法」Big《ビッグ》 Bank《バンク》 Act《アクト》 を作るだろう。この計画は、民主党の候補だったバーニー・サンダースと合意した。

2008年の〝リーマン・ショック〟で大銀行と大証券会社(これを投資《インベストメント・バンク》銀行とも言う。ゴールドマン・サックスが代表)が、金融バクチ(クレジット・デリヴァティブ)

をやりすぎて、大暴発したことが今も大きく影を落としている。あのとき、大銀行たちが裏に隠したままにしている巨額の損失金（おそらく総計60兆ドル）も解決しないまま〝氷《こお》漬《づ》け〟にしてある。トランプは、叩《たた》き上げのＮＹ《ニユーヨーク》の不動産業の経営者だから、銀行からお金を借りること（融資）で、さんざん苦労してきた人だ。だから銀行業界に対して積年の恨《うら》みがある。

トランプは、ドッド＝フランク法（ボルカー・ルール）を廃止するつもりだ。そして、昔のグラス＝スティーガル法　Glass-Steagall Act　を再導入するだろう。このグラス＝スティーガル法は、世界大恐慌（１９２９年10月から）の再発を防止するために、１９３３年に成立した。法案を主導したカーター・グラスとヘンリー・スティーガルの２人の上院と下院の議員の名前から名づけられた法律だ。

この法律で、銀行業務と投資業務（証券会社）は、はっきりと分離されることになった。「もう金融バクチをやるな。また大暴発を起こす。国民に大きな迷惑をかける」ということであった。ところが、だ。それから66年後の、ビル・クリントン政権のとき、１９９９年12月に、グラス＝スティーガル法は廃止されて効力を失った。そして、替わって制定されたのが、グラム＝リーチ＝ブライリー法である。これで銀行の金融バクチ禁止法は、骨抜きにされたのである。

グラム＝リーチ＝ブライリー法は、グラス＝スティーガル法の第20条と第30条と、これに関連する「銀行持株《もちかぶ》会社法」（1956年成立）の条項を撤廃した。これで2000年から商業銀行、証券会社、保険会社が金融業務に相互参入することが可能になった。さらに銀行と保険会社の統合、合併も認められた。これでシティコープと保険最大手のトラベラーズ・グループ（サンディ・ワイルが育てた）が合併して、シティグループになったのである。そして2007年、2008年の金融大爆発が起きた。

このあと、ドッド＝フランク法ができた。この法律は、P127の米澤裕恭氏の特別レポートにあるように、〝リーマン・ショック〟の大騒動のあと、2010年の7月に成立した。その中心部分は、銀行のデリバティブ取引と商品先物《さきもの》取引を厳しく規制する「銀行の市場取引規制ルール」だ。これが「ボルカー・ルール」とも呼ばれている。

ポール・ボルカーが、1979年から1987年まで8年間、FRB議長だった。レーガン時代である。さらにオバマ政権では、大統領経済諮問委員会（CEA《シーイーエイ》）の委員長だった。彼が、「少しは銀行業を規制しろ」ということで提唱したことから、通称ボルカー・

ルールと呼ばれる。

このドッド＝フランク法（ボルカー・ルール）を作ったのは、リーマン・ショックのとき財務長官をしていたローレンス（ラリー）・サマーズである。サマーズは、ドッド＝フランク法が成立したときは国家経済会議（ＮＥＣ《エヌイーシー》）委員長だった。自分が金融バクチをユルユルにして、金融大爆発（リーマン・ショック）を起こした。そして自分で頭の毛を掻《か》き毟《むし》りながら、その規正法を作ったのだ。

この７月に、トランプを大統領候補に指名した共和党は、党大会で「グラス＝スティーガル法の復活」を政策綱領《プラットフォーム》に盛り込んだ。

以下のロイターの英文記事のとおりだ（次ページ）。

Republican 2016 platform calls for reinstating 1933 banking law

The U.S. Republican Party on Monday approved a new policy platform that calls for reinstating the 1933 Glass-Steagall law requiring the separation of commercial and investment banking, an addition White House hopeful Donald Trump's campaign said it backed.

Trump, who will formally accept the Republican presidential nomination in Cleveland this week, has vowed to dismantle most of the Dodd-Frank Wall Street reform law that was passed under President Barack Obama following the 2007-2009 financial crisis.

Reuters Jul 18, 2016

この英文の記事の日本語訳は、次のようになる。

「米共和党、1933年銀行法の復活含む政策綱領を採択」

米共和党は、7月18日（月曜）に始まった全国党大会で、商業銀行業務と投資銀行業務の分離を定めた1933年銀行法（グラス＝スティーガル法）の再導入《リインステイト》を求める新たな政策綱領《プラットフォーム》を採択した。大統領としてホワイトハウス入りを目指すドナルド・トランプ氏の選挙陣営でも、グラス＝スティーガル法の復活を唱えてきた。

クリーブランドでの党大会で、大統領候補に正式に指名される見通しのトランプ氏は、2007年から2009年にかけての世界的金融危機を受けて、2010年にオバマ政権で成立した金融規制改革法（ドッド＝フランク法）の解体的廃止を求めている。

（ロイター　2016年7月18日）

このように、ドナルド・トランプは新しいアメリカの政治を金融・経済面でも始めようとしている。

●ロックフェラー家の「資産圧縮」が日本にも影響を

アメリカが、大統領選挙でごたついている間に、アメリカのデイヴィッド・ロックフェラー（実質の世界皇帝。〝ダビデ大王〟。今年の6月で101歳になった）が、来年には死ぬだろう、ということがほぼはっきりした。だからロックフェラー家全体が、相続税対策の資産の圧縮に動いている。このことがアメリカ経済だけでなく、世界に影響を与えている。

例えば日本では、ソフトバンク・グループの孫正義《そんまさよし》社長が、後継者に指名していたニケシュ・アローラというインド人の副社長を廃嫡《はいちゃく》して捨てた。これはニケシュ・アローラがアメリカ国内で問題を起こしていたからだ。アメリカの株主たちから訴訟が起きていた。だからアローラを切り捨てた。

孫正義は、「自分がまだ社長を続ける」と言った。そして、アリババとガンホー、スーパーセルの3銘柄の株式を、一気に合計2兆円（200億ドル）で売り払った。これで2兆円のお金を手に入れた。そして何をしたか。イギリスのARM《アーム》社（アーム・ホールディ

彼はクリントン財団を嫌った

2016年1月、ニューヨーク近代美術館のパーティに歩行器で出席したデイヴィッド・ロックフェラー。向かって左は息子の嫁、スーザン。右はその娘で孫のアリアナ
写真：getty

世界皇帝の“ダビデ大王”デイヴィッド・ロックフェラーは6月12日で101歳になった。その死期が迫っているので、ロックフェラー家は、相続（税）対策で資産の圧縮を始めている。

ダビデ大王は「ヒラリーに戦争を始めさせるな」と直臣たちに命じた。世界が正念場である。

ングス）という半導体チップの基本特許知的財産権を持っている会社を買い取ったのだ。

この「潜在的に成長企業だ」と言われているアーム社の株を、孫正義はなんと1株あたり43％のプレミアム（上乗せ金）を付けて、わざと高値で買収した。前営業日の終値の11ポンド89ペンス（１５００円）を、17ポンド（２２００円）の高値で買った。このべらぼうな買収価格に、記者発表の会見でも「買収金額が高すぎないか」という質問が飛んだ。これに対して孫正義は、「アーム社の成長余力と10年後の将来価値を考えれば、非常に安く買えた」と答えている。

ここにインチキがある。２兆円（２００億ドル）のお金を日本からイギリスに送って、ロンドンのシティで株取引のかたちを取る。それを還流させてアメリカに2兆円を持ち出したのだ。ダビデ大王がもうすぐ死ぬので、その相続税対策用に2兆円を差し出したのである。

アーム社の買収価格は、総額で3・3兆円あった。2兆円では、あと1・3兆円が足りない。だからソフトバンク・グループは、追加の資金調達をしなければいけない。そのために社債を発行すると発表した。

「ソフトバンク・グループが社債4千億円発行　英アーム社買収資金調達の一環」

ソフトバンク・グループは、9月9日、個人と機関投資家向けに発行する「ハイブリッド社債」の総額が、計4710億円に決まったと発表した。借入金の返済などに充てる。英半導体設計大手アーム（ARM）・ホールディングスを約3兆3千億円で買収したため、財務改善を進める。

個人向けは、当初予定していた3500億円から4000億円に膨らんだ。3・0%という高い利率が投資家を引きつけたとみられる。償還期間は25年。一方、機関投資家向けは、710億円。償還期間25年で利率は3・0%と、27年で3・5%の2種類がある。

（産経新聞　2016年9月9日）

このアーム社買収劇は、2006年に、ソフトバンクがイギリスのボーダフォンの日本法人を買収したときの手口である。

ボーダフォンは、イギリスでO2《オウトウー》に次ぐ携帯電話会社だ。世界規模でもチャイナ・モバイルに次いで、契約者数で世界第2位である。このボーダフォンが、日本市場に進出したかたちにして、2003年に、株式公開買い付けでジェイフォン（J‐PHONE）を買収した。これで日本の郵政官僚（電波官僚）たちを叩《たた》きのめした。郵政官僚たちはNTTを守って日本の電波と通信事業を死守しようとした。反対し続けたNTTの副社長や郵政完了の数人が、このときヘンな死に方をしている。

このあと、ボーダフォンは、コロリと「ソフトバンク」に変名した。このボーダフォン日本法人なるものを、3年後には孫正義が2兆円で買収した。このときの買収資金は、ソフトバンクと子会社のモバイルテックやヤフー・ジャパンが出資したかたちにした。このあとボーダフォンは、「ソフトバンクモバイル」という名前に変えた。錬金術《れんきんじゅつ》のような手品《てじな》だ。これは、ソフトバンクが、英ボーダフォンに2兆円の資金を渡したということである。

今回も前回と同じことをしたのだ。あとは、ヤフージャパン（ヤフー株式会社）とソフトバンクの株価が暴落しないように、市場を操作（マーケット・マニピュレーション）すればよい。大きな世界的な力が背後にあるから、日本の金融庁も財務省も何も言わない。

その程度の根性なしのお奉行《ぶぎょう》さまたちなのだ。

ソフトバンク・グループは、「有利子負債が11兆円」と言われている。株式の時価総額は8兆円だ。売上高は連結で9兆円だ。ところが、ソフトバンク本社単体では、売上高はたったの460億円しかない（2015年度）。

これは、今のアメリカの株式市場の体質そのものである。グーグルやアマゾン、フェイスブックなどのネット企業と一緒で、たいして売上げ（実体）もないくせに、世界の時代の最先端を生き延びている通信企業で大企業のふりをしている。

アメリカの株式市場の今の時価総額は、27兆ドル（2700兆円。ニューヨーク証券取引所が20兆ドル。ナスダックが7兆ドル）だ。これを押し上げて支えているのが、売上げも実体もたいしたことのないネット企業群だ。売上げは株式時価総額の30分の1ぐらいで、50億ドル（5000億円）ぐらいしかない。このようにして風船玉のようにフワフワと吊り上げられた株式（アップルで1株115ドル）のお金が、アメリカの退職老人たちの年金の原資になっている。

アメリカ資本主義《キャピタリズム》は、こうした超有名（名前ばっかりだ）ネット企業の株が、暴落したときに終わりとなる。だからこれらアブクのようなネット企業群の株を吊り上げることに今も必死だ。

●なぜ私、副島隆彦は「ヒラリー有罪」を書いたのか

アメリカ大統領選挙は、ヒドい泥仕合になった。私はアメリカ政治思想の研究者だから、ずっとこれを追いかけて『Lock《ロック》 Her《ハー》 Up《アップ》! ヒラリーを逮捕、投獄せよ』（2016年10月刊、光文社）に詳しく書いた。なぜヒラリー・クリントンが、起訴され有罪とならなければいけないのか、を詳しく書いた。

ヒラリーたちは、世界にとって非常に危険なことをやろうとしている。それを、ドナルド・トランプという経営者上がりの泥臭い（言ってしまえば、ニューヨーク・マフィアの親分のような）男が出てきて、とりあえず経営者の迫力でアメリカの危機を乗り切ろうとしている。

5月18日に、あのヘンリー・キッシンジャーが、NYのアッパー・イースト の自宅にトランプを呼んで、話し合いを持った。この中で、「ドナルド。君に頼む。ヒラリーたちに世界戦争を起こさせるな。北朝鮮を上手に抑え込んでくれ」という話をした。〝ダビデ大

王〟デイヴィッド・ロックフェラーも、惚《ぼ》けてはいるが、自分の直臣《じきしん》のキッシンジャーに、「ヘンリー、お前に任せる。トランプでいい」と言ったのだろう。これで事態が動いた。私は7月に、『トランプ大統領とアメリカの真実』（2016年7月刊、日本文芸社）で「トランプ大統領で決まり」と書いた。

ヒラリーたちは「アメリカの金融・経済は、もうダメだから、戦争で乗り切ろう」という大きな決断をしている。これが〝ウォー・エコノミー（戦争経済）〟の手法である。〝War《ウォー》 boosts《ブースツ》 economy.《エコノミー》〟だ。戦争をすることで経済（景気の悪さ）を吹き飛ばす。戦争で経済を「上に押し上げる」（boost《ブースト》 する）のである。これが戦争経済《ウォー・エコノミー》だ。これは、「戦時中《ちゅう》の経済」を指す戦時経済 wartime economy《ウォータイム エコノミー》 とは違う。もっと人為《じんい》的で作為的なものだ。

だからヒラリー・クリントン派は、世界中で次々に戦争を起こす。中東《ミドルイースト》の次は私たちの日本を含む極東《ファーイースト》（東アジア）で、中国とぶつかり合うような軍事衝突を起こさせる。北朝鮮の核兵器を暴発《ぼうはつ》させる。そうやって、アメリカの軍需産業《ミリタリー・インダストリー》を中心にして経済の活性化を図ろうとする。これがヒラリーたちの「悪《あく》であるが故《ゆえ》に、現実的である」という戦略《ストラテジー》だ。

戦争経済をやらなければアメリカはもたない、という現実は、これからもずっと続いていく。トランプがそれをなんとかくい止める、と言っても4年間である。他に大きな儲け口がないし、金融バクチで食べていく時代は終わった。だから、軍需産業を盛り立てて生き延びていくという考えは、アメリカに骨がらみに存在するものである。

ヒラリー自身が、実際にあまりにも残虐なことをたくさん実行してきた。彼女は、2009年から国務長官《ステイト・セクレタリー》になって、大統領のオバマなんかそっちのけで、我がもの顔で暴力政治を行なった。ヒラリーは2011年10月20日に、自ら首都トリポリに乗り込んで、リビアのカダフィ大佐を殺させた。このあと、リビア国の資産200億ドル（2・4兆円）を強奪した。この資金で7万人の人殺し専門の傭兵《マーシナリー》部隊であるIS《アイエス》（「イスラム国」）をつくった。

リビアから武器弾薬を運び出し、イスラエルのハイファ港から、真夜中にゴラン高原の脇を通って、シリアに運んだ。そしてシリアと北イラクに、ISその他の反政府ゲリラが存在する政治状態を、3年かけて作り出した。今のISの本拠地であるラッカと、北イラクのモスル（ここはクルド人の首都となるべき都市）に、突如、ISは出現した。それが2014年の6月10日であった。

「ヒラリーを有罪、起訴せず」

写真：getty

公務にこそこそと私用メールアドレスを使っていた問題で、米連邦捜査局(ＦＢＩ)のコミー長官は、ヒラリーを訴追しないよう司法省に勧告する方針を表明した(2016年7月5日)。

その前に、アリゾナ州の空港で、リンチ司法長官の専用機にビル・クリントンが乗り込み、約30分間、会談した(2016年6月27日)ことが発覚した。

●「ベンガジ事件」と「ヒラリー・メール」の真実

その前の２０１２年9月11日に、「ベンガジ事件」が起きた。これは、リビアで2番目に大きな都市であるベンガジで、アメリカのクリス・スティーブンス大使が殺された事件だ。

このクリス・スティーブンスは、国務長官だったヒラリーの直属の外交官で、ＣＩＡの特殊部隊《スペシャル・フォーシズ》約2万人の責任者である。クリス・スティーブンスが、ベンガジ事件で殺される1年前の２０１１年10月20日に、自分で直接指揮をしてカダフィを殺害した。だからカダフィ殺しの最高責任者はヒラリーだ。ヒラリーは、カダフィが殺される2日前にトリポリ（リビアの首都）に乗り込んで、暗殺部隊と一緒に記念撮影をしている。その証拠の写真がある。

クリス・スティーブンス大使を、イスラム原理主義者（セラフィ、セラフィーヤ）の活動家たちが惨殺して、死体を引きずり回した。その映像はネット上に流された。映像を見たヒラリーは嘔吐《おうと》して倒れた。スティーブンスを殺した奇怪な活動家たちの実態は、もうほとんどＩＳそのものである。スティーブンス大使は、自分では彼らを上手に手なずけていると思っていた。ところが、飼い犬に手を咬《か》まれて、自分が殺された。

ヒラリーは、このベンガジ事件が起きた年の12月30日に、脳血栓《のうけつせん》（brain《ブレイン》 clots《クロッツ》）を起こしてニューヨークの病院に入院した。それで1期だけで国務長官を辞めた、ということになった。ヒラリーの外交政策での間違いは、米議会で非難決議までされた。ところが、それでも彼女は、自分の凶悪な政治を止《や》めなかった。そして「ヒラリー・メール問題」が発生した。

ヒラリーたちは、カダフィを殺したあと、米軍がリビア軍から捕獲した大量の兵器や物資を、今のシリアや北イラクに大量に移動させた。そして、イスラム勢力（ただし、アメリカの言うことを聞く武装勢力）を育てて、これに引き渡す秘密協定《シークレット・アグリーメント》を結んだ。この軍事密約の武器取引（絶対に露見してはいけない）を、クリス・スティーブンスたちが、上司であるヒラリーの判断を仰《あお》ぎながら実行したのである。

このときの、スティーブンスたち凶暴な国務省の高官とヒラリーとの間で交信されたメールの流出が、「ヒラリー・メール問題」である。

ヒラリーは、ヒラリー派ではない国務省の他の高官たちにばれないように、愚かにも、何のプロテクションもかかっていない普通の個人用メールで交信し続けた。その数6万通である。クリントン財団（Clinton《クリントン》 Foundation《ファウンデーション》）のメールアカウント（マイクロソフト社のものらしい）である「クリントン・ドットコム」で通信した。ヒラリーはCIAの特殊部隊（通称 black《ブラック》 op《オップ》）までをたくさん動かした。そしてなんと、この国家犯罪行為《ステイト・クライム》の交信記録が、外部に流出したのである。

●IS（イスラム国）の創設者と、共同創設者。その名は――

ところが。アメリカのFBI（米連邦捜査局）は、「このベンガジ事件のメール問題で、ヒラリー・クリントンを告発《こくはつ》（criminal《クリミナル》 charge《チャージ》）しない」という判断を下した。FBI長官ジェイムズ・コーミー James Comey が、今年の7月5日に発表した（P225の写真参照）。すかさず、その翌日に、米司法省のロレッタ・リンチ長官（＝検事総長でもある）が、「FBIの判断を十分に受け容《い》れて、司法省としては、ヒラリー・クリントン氏を刑事起訴《きそ》（prosecution《プロセキューション》）しません」と発表した。アメリカのしっかりした人々から、「ヒラリー不起訴」に対して強い批判、非難が起きた。しかし、これらのことは日本では、ほとんど報道されなかった。

アメリカ司法省（検察庁）が、「起訴（prosecution《プロセキユーション》）」するかしないかを決める。それに対して犯罪を捜査するのがＦＢＩの連邦捜査官（警察の一種）たちである。逮捕権《アレスト》と捜査権《インヴェストゲイション》は警察が持つ。検察庁（検察官たち）が持つのは、「国家の代理人」として、起訴《プロセキユート》する権限である。司法省の検察官《プロセキユーター》が、犯罪容疑者《サスペクト》を裁判所《コート》に起訴するのである。この区別を日本人は、しっかり理解しなければいけない。

ロレッタ・リンチ Loretta Lynch という黒人女性の検事総長（司法長官 U.S. Attorney《アトーネイ》 General《ジエネラル》）は、なんと不用意にも、秘かにビル・クリントンと会っていたのだ（6月27日）。それが発覚した。ヒラリーの夫であり、事件の利害関係人であるビル・クリントン元大統領と地方の飛行場で会って、ゴソゴソ話した。その事実を、ドナルド・トランプがトゥイッターで発信し、自分の演説の中で非難した

「ビル・クリントンとロレッタ・リンチは、ゴルフや孫の話をしただけだそうだ。この国の司法制度《ジユデイシアル・オーダー》は rigged《リグド》（歪《ゆが》んで腐敗）している」と。

このあと、トランプは8月11日に、さらに決定的な言葉を発した。「オバマ大統領とヒラリー・クリントンはＩＳの創設者《ファウンダー》である」と、はっきりと言い切った。これは冗談でもなければ、皮肉でもない。事実である。それらの事実が、ヒラリー・メールの中に書かれ

ていた。トランプはその証拠を握ったうえでの発言だ。トランプは、「ヒラリーたちはやってはいけないことをやったのだ」ということを、公然と言い切った。

以下にトランプの発言を英文で載せる。

トランプの集会での発言

（２０１６年８月11日）

“Isis is honoring President Obama. He is the founder of Isis. He founded Isis. And, I would say the co-founder would be crooked《クルツキド》 Hillary Clinton.”

「ＩＳＩＳ《アイシス》「イスラム国」は、オバマ大統領を崇拝している。オバマがＩＳＩＳの創設者だからだ。彼がＩＳＩＳを創設したのだ。そして私は、精神の歪んだ《クルツキド》ヒラリー・クリントンが、ＩＳＩＳの共同創設者である、と言いたい」

●塗りつぶされた尋問調書

アメリカの議会の「ベンガジ事件特別委員会」（共和党のトレイ・ガウディ委員長）は、２０１５年の10月15日にヒラリーを召還して喚問（summon《サモン》、subpoena《サピーナ》）した。５時間にわたって、公聴会《パブリック・ヒアリング》で喚問した。このときのヒラリーの虚偽の証言が、これから偽証罪《ぎしょうざい》（perjury《パージュリー》、議会侮辱《ぶじょく》罪）でヒラリー逮捕につながってゆく。

ＦＢＩは、ヒラリーを7月2日に事情聴取した。これが2回目だ。その尋問調書（供述証言）をＦＢＩは、9月3日に公開した。ところが、２０１５年6月にＦＢＩがヒラリーの自宅を捜索して、サーバーごと押収していた証拠物そのものであるヒラリー・メールの多くは隠されたままだ。供述証言の、全部で58ページのうち、14ページ分は丸々黒く塗りつぶされて《リダクション》（白地のブランク cover up にされて）読めないようになっている。

このように、ヒラリー・メールに含まれていた、アメリカの高度の国家機密《マークド・ステイト・シークレット》と指定された文書は、アメリカの国際法違反だから、絶対に表には出さないかたちにしている。その内容は前述した。これらすべてを合わせて、「ヒラリー・メール問題」と言うのである。

犯罪であるには証拠が必要だ。証拠がなければ犯罪は成立しない。証拠が出なければ犯罪そのものが、もともとなかったことになるのだ。とくに権力者たちによる大きな国家犯罪の場合、証拠が表《おもて》に出ることはない。これまでほとんどなかった。ところが、なんとヒラリーの場合は、証拠が大量に出てしまったのである。

エドワード・スノーデンというＣＩＡ職員の内部告発者《ホイッスル・ブロアー》が、２０１３年３月からネット上に公開した政府高官たちのメールの中に一部はあった。そして、ウィキリークスのジュリアン・アサンジが、次々と公開しつつある大量のヒラリー・メールが、ＣＩＡ特殊部隊を動かす国務長官ヒラリーの指令書メールであることがはっきりしてきた。証拠が出た以上、犯罪になるのである。

２０１６年10月9日に、第2回目の大統領選の両党候補者による公開討論《ディベイト》があった。この場で、トランプ候補はヒラリー候補に面と向かって、「あなたは逮捕、収監されるべきだ」"You'll《ユール》 be《ビー》 in《イン》 jail《ジェイル》."、そして、「私が大統領になったら、あなたを調査するための特別検察官《スペシャルプロウセキューター》を任命する」"If I am the president, I call for a special prosecutor for your case."と言った。この発言は決定的である。衝撃は今、全世界に広がっている。

ところがこれを押さえつける大きな勢力が、アメリカに現にいるのである。こうなったら善《ぜん》（トランプ勢力）が勝つか、悪《あく》（ヒラリー勢力）が勝つかの人類の闘いである。「クリントン財団」という汚れた団体を通じて、不正な便宜供与も行なわれていた。この件でも、ヒラリーは裁判にかけられるべきだ。

ヒラリーたちは、戦争をすることでアメリカは繁栄を続け、超《ちょう》大国（世界帝国《ワールド・エムパイア》）であり続ける、という考え方を本気で追求している。なんと恐ろしいことだろう。

あとがき

マイナス金利が、もっと進むようだ。このことを「金利の深掘り《スティープニング》」と言うらしい。そうなると、いったい何が起きるか。

私たちの銀行預金に利息《インタレスト》どころか、手数料《コミッション》がかかるようになるだろう。銀行がお金を預かってあげているとして、口座手数料（handling charge《ハンドリング チャージ》）を取ります、となる。ますます不景気でイヤな時代になる。

銀行のATM（現金自動預け・払い機）で、一回に下《お》ろせるお金が10万円から5万円と、政府が決めるかもしれない。何ということをする気か。銀行ATMでの支払い（送金）の手数料も上がってゆく。ところがその一方で、大手コンビニで、昼間に下ろしたり公共料金の振り込みをすると、タダである。

いったい、何が起きつつあるのか。銀行よりもコンビニのほうが、銀行らしくなりつつある。「電子マネー（キャッシュレス）の時代だ」などと、短慮《たんりょ》（軽薄《けいはく》、浅知恵《あさぢえ》という意味）で喜んでいる人々がいる。銀行なんかいらない。コンビニ・カードとビットコインとFintech《フィンテック》があればいい。本当に便利でいい世の中だ。と、あなたは本気で思うか？

私たちの身の周りで、何か得体《えたい》のしれない恐ろしいことが起きつつある。「いや、待てよ」と、立ち止まって、金融（お金の動きと流れ）のことを真剣に考えてみよう。そのために私はこの本を書いた。「まだまだやるぞ、マイナス金利」という実に奇怪な時代を私たちは生きている。

いつものとおり、〝熊さん、八っつあん〟で、祥伝社書籍出版部の岡部康彦部長と二人三脚でこの本を作った。記して感謝します。

2016年11月

副島隆彦

ホームページ「副島隆彦の学問道場」　http://www.snsi.jp/

ここで私、副島隆彦は、前途のある、優秀だが貧しい若者たちを育てています。
会員になってご支援ください。

巻末付録

日本株の超プロが推奨する

秘密銘柄10

ここは「コバンザメ株」を買いなさい！

現役のファンド・マネージャーで日本株投資のプロフェッショナルが本書の読者だけに奨《すす》める〝秘密銘柄10〟を載せる。これらは「コバンザメ株」である。コバンザメ株を推奨する。

コバンザメは、大型のサメやマンタ（エイ）などの体にくっ付いて共生する。そうすることで自分の身を守り、餌《えさ》の心配がない。株の世界にも、このような銘柄がある。しっかりとした大企業に寄生することで安定的に仕事がある。だが、決して子会社ではない。優れた技術を持っている。R&D（研究開発）投資の資金を節約でき、為替リスクの心配が少ない。リスクがなく、かつ高収益体質である。

以下に「コバンザメ株10銘柄」を一挙紹介する。

副島隆彦

銘柄一覧の見方

①企業名の横にある4ケタの数字は「証券コード」である。
②「現在の株価」「時価総額」「配当利回り」は2016年10月4日現在のもの。
③株価チャートは東京証券取引所他の時系列データ（終値）から、直近の半年間（6カ月）で作成しました。

※いつも書いていますが、投資はあくまでも自己判断で行なってください。あとで私にぐちゃぐちゃ言わないでください。

1 東鉄工業《とうてつ》 1835

現在の株価 **2,884円**

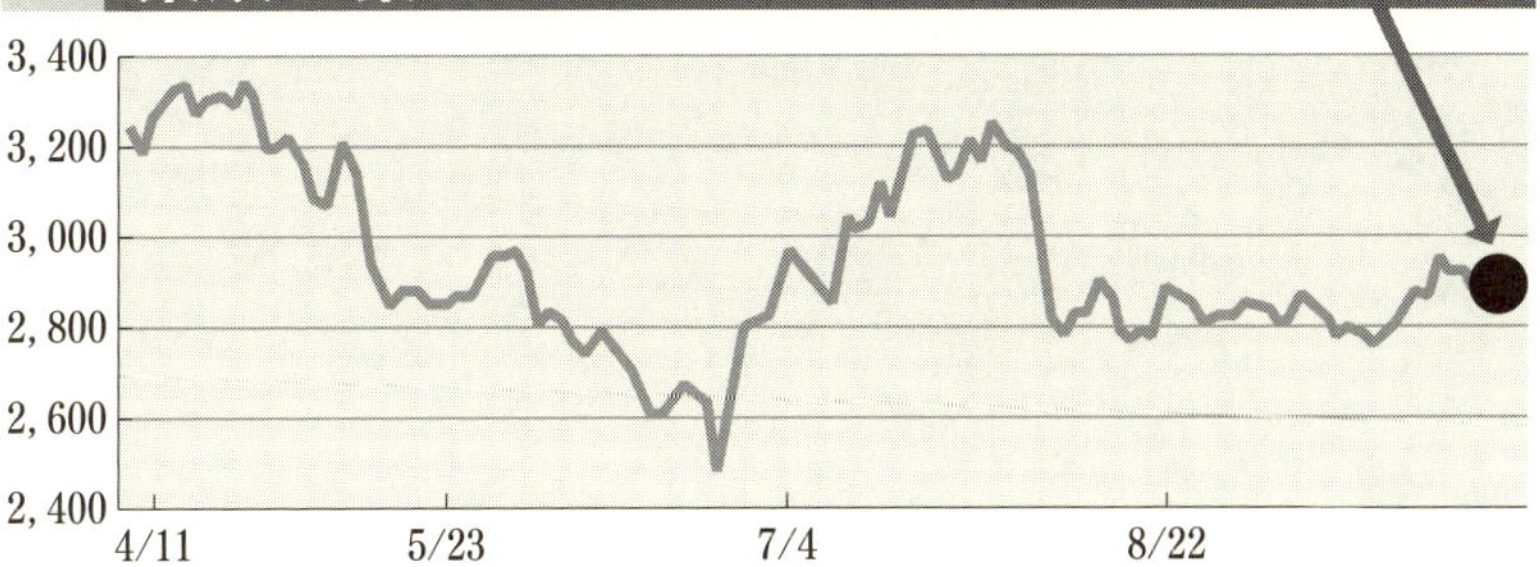

この会社の強み	
	①ＪＲ東日本が筆頭株主。線路メンテナンスなど鉄道工事が主力事業。
	②テリトリー(場所)が決まっているため、ＪＲ東日本から安定的に仕事が来る。
	③ＪＲ東日本による安全投資と線路の維持・補修投資が増加している。

時価総額 **1041億1200万円**　配当利回り **1.46%**　年初来高値 **3,540円**(3月31日)

昭和18年(1943)に「東京鐵道工業株式会社」として、鉄道省の指導で設立された国策会社である。戦時中は軍需物資の輸送力を増強したので、鉄道が重要な役割を果たしていた。戦後、昭和27年(1952)に、現在の「東鉄工業株式会社」に商号を変更した。

創業以来のノウハウを今に活《い》かし、ＪＲ東日本の線路メンテナンスを請《う》け負っている。主として首都圏の線路メンテナンスを担当。線路メンテナンスを行なう主要5社(「軌道5社」という)のトップ企業であり、シェアは30%である。首都圏に限れば50%のシェアを占める。

鉄道の線路(レール)は雨ざらしである。数十トンもの列車の重量を支えるから、激しく劣化する。だから事故を起こさないようメンテナンス(維持・補修・交換)が欠かせない。鉄道会社にとって、会社の信用とは乗客の安全を確保することだ。「安上がりなメンテナンス」よりも「絶対確実なメンテナンス」のほうがＪＲ東日本の存続にとって重要である。東鉄工業の、創業70年に蓄積された技術とノウハウは、ＪＲ東日本にとって「ないと困る」のである。

人口が減少している日本では、首都圏といえども鉄道の新設需要は見込めない。だが線路の経年劣化に伴い、補修需要が増大している。東日本大震災(2011年)以後、ＪＲ東日本が、耐震補強工事や橋脚落下防止工事など、安全投資を増やしていることも東鉄工業の業績に寄与している。これらの工事も、施行後に適切なメンテナンスが必要だから、東鉄工業の仕事は年々増えている。今年3月期は売上高1268億700万円、経常利益127億4900万円(連結)と、過去最高益を更新した。

2 東京エネシス 1945 現在の株価 1,064円

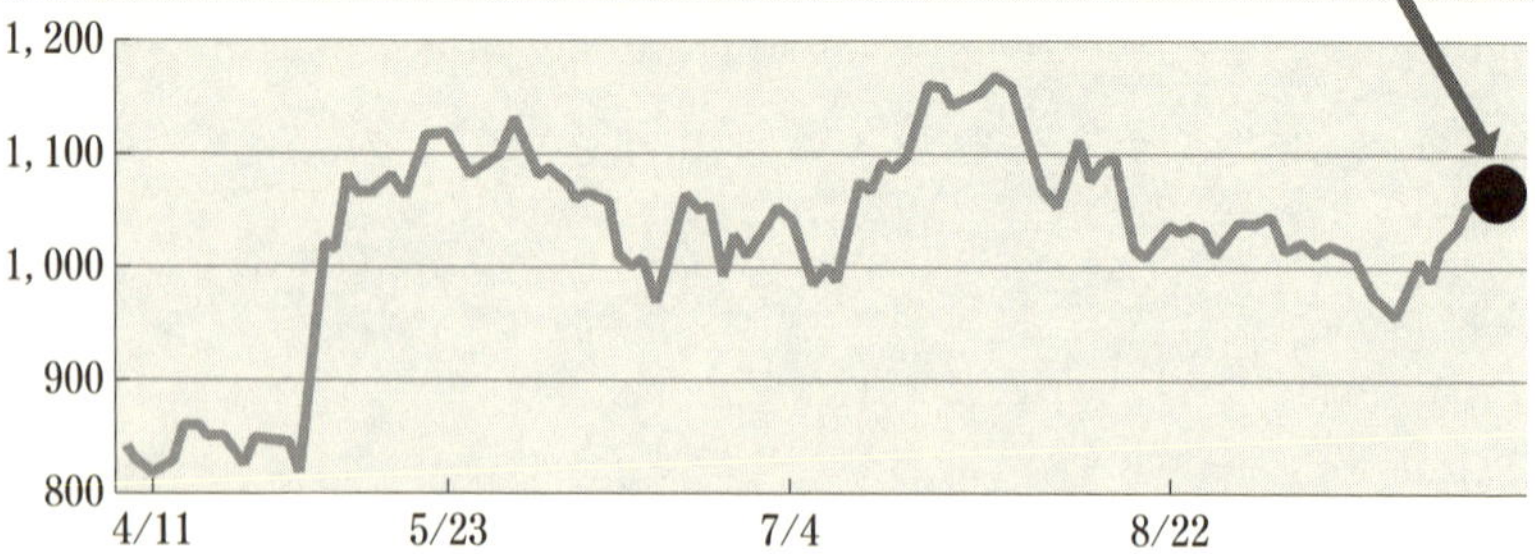

この会社の強み	
	①東京電力が筆頭株主。発電所の点検、補修工事がコンスタントに出る。
	②原発関連工事で国内トップクラスの実績があり、仕事が集中しやすい。
	③参入障壁が極めて高い業種で、採算を確保しやすい。

時価総額 396億4700万円　配当利回り 1.88%　年初来高値 1,168円（7月27日）

1947年設立の電気設備工事会社である。「東京電氣工務」として設立。2001年に現在の「東京エネシス」に商号変更した。東京電力系であり、電力会社系の電源設備工事会社としては唯一の上場企業である。1960年から本格的に火力発電所の建設、補修工事に参入した。10年後の1970年からは原子力発電所の建設、補修工事にも参入。近年、メガーソーラーの建設にも注力している。

発電所は重要なインフラストラクチャーであり、安定的な電力供給は国民生活の土台である。そのため発電施設の点検、修繕は、法令に基づき定期的に行なうことが義務づけられている。特に原子力発電所は事故が起きたら大惨事になりかねないため、点検、修繕を行なう施工業者には過去の実績が求められる。東京エネシスは火力発電所で56年、原子力発電所で46年の実績があり、電力会社各社から高い評価と信頼を得ているため、仕事を獲得しやすい。

この会社は現在、東京電力の福島第一原発の廃炉関連工事、柏崎刈羽《かしわざきかりわ》原発の再稼働準備工事を施工している。また、北陸電力志賀《しが》原発の再稼働準備工事も手がけている。志賀原発は年度内に完工の見込みであるが、柏崎刈羽原発は数年間にわたり継続する工事である。また、福島第一原発の廃炉関連工事はもっと長く、10年以上は継続しそうである。

原発工事には特殊技術が必要であり、参入障壁が初めからきわめて高い。だから競争が激化しにくい点も好採算を維持することに役立っている。今年3月期は売上高600億800万円、経常利益57億200万円（連結）と、3期連続で最高益を更新した。

3 プラネット 2391

現在の株価 1,530円

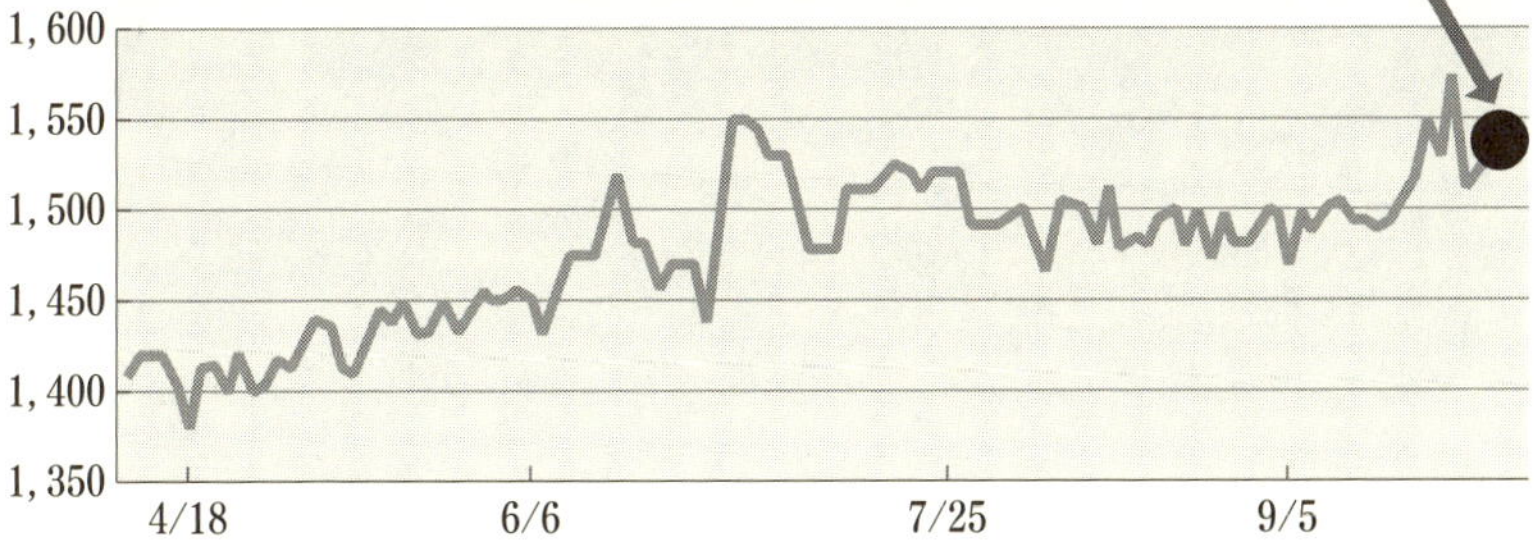

この会社の強み	
	①トイレタリーの商取引の効率化に不可欠な情報インフラ会社としての地位を確立している。
	②日用品の取引の８割がこの会社の取引システムを用いており、新規参入は不可能。
	③ストックビジネス（継続的に収入を得る事業）であり、業績が安定的。

時価総額 101億4800万円　配当利回り 2.55%　年初来高値 1,575円（9月30日）

1985年に、「システムは共同で、競争は店頭で」をモットーに、ライオン、ユニ・チャーム、資生堂など8社と、情報サービス企業であるインテック（現ＴＩＳインテックグループ）の出資で設立された。

日用品、雑貨、化粧品など500社以上のメーカーと、400社以上の卸売業者との間で電子データ（受発注、出荷、請求、支払いなど）の交換を仲介している。各社の取引相手、取引品目は膨大な数だ。それらを共通のデータ形式でやり取りすることにより、業務の効率化と低コスト化を実現してきた。「伝票その他の帳票類を共通化すれば、すべてのメーカーとすべての卸業者が、一つのシステム、端末で取引が可能になる」ということである。

加入者は、プラネットが指定したデータの仕様に基づいて取引を行なう。プラネットは仕様の定義に特化しており、インテックにネットワーク運用と監視業務を委託することで好採算を維持している。近年、日用雑貨品以外でも、ペット関連用品、 ＯＴＣ医薬品、メーカーと資材サプライヤー間などでも利用されるようになっている。

国内の日用品の流通量は年間3兆円程度である。その8割がプラネットのサービスを利用している。そのため、他社が新システムを開発して新規参入しようとしても不可能である。メーカー、卸業者ともに、この会社のサービスがなければ取引が成り立たない状況である。また、一度顧客になった企業は、その多くが継続的に使用するため、年々取引量が増えている。いわゆる「ストックビジネス」であり、景気変動の影響が小さい。そのため業績は安定的に推移しており、今年7月期は15期連続の増配となった。

4 あい ホールディングス 3076

現在の株価 2,413円

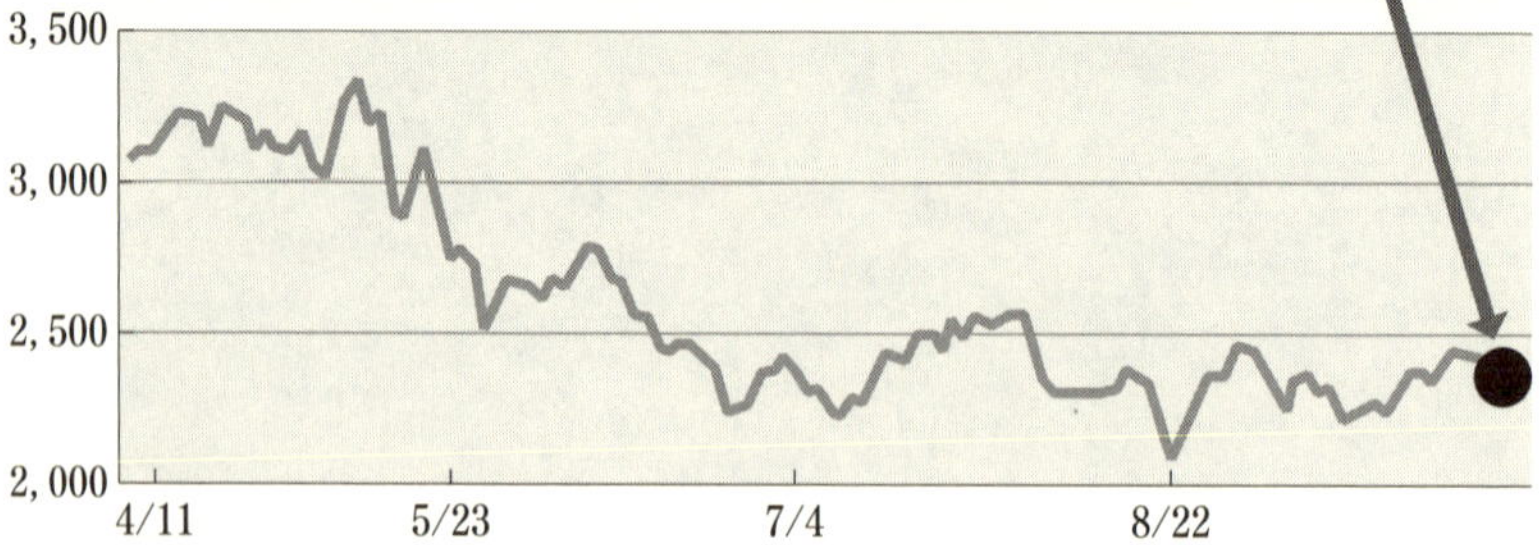

この会社の強み
①大手セキュリティ機器会社の半値以下で製品を供給できる。
②不動産管理会社と組んで、既設マンションの更新需要を取り込んでいる。
③顧客の９割が再更新してくれるストックビジネスである。

時価総額	配当利回り	年初来高値
1365億5300万円	1.49%	3,415円(5月11日)

旧ドッドウェル社(監視カメラなどセキュリティ事業)と旧グラフテック社(計測機器製造)の株式移転によって2007年4月に設立された共同持ち株会社。中核となるのは、ドッドウェル、グラフテック、あい設計、の3社である。

営業利益の4割強を稼ぎ出すのはドッドウェルが手掛けているセキュリティ事業である。監視カメラなどの機器を輸入し、自社開発の監視ソフトをこれに付加して販売している。輸入品であることに加え、設置から保守まで自社で対応しているから、中間マージンを排除することで、低価格での販売を実現している。

新築マンションは、不動産デベロッパーによりセキュリティ機器の納入メーカーが、あらかじめ決まっていることが多い。パナソニック、三菱電機、日立製作所が業界のトップ3である。それに対して、あいホールディングスは、大手3社がセキュリティ機器を納入してから5〜6年後に来る「更新」のタイミングを狙って、この大手3社から顧客を奪い取っている。

既設マンションの「更新」時の機器選定は、デベロッパーではなく、そのマンションの理事会が決定する。あいホールディングスは、大京や長谷工などメジャーな不動産管理会社と業務提携して更新情報を入手している。そして更新を検討中の理事会に営業し、成約に至ると不動産管理会社に紹介料を支払うというセールス手法である。大手3社に比べ半値以下の価格を提示できるため、不動産管理会社にとっても居住者の満足度を高めることにつながる。

圧倒的な価格差により、一度獲得した顧客の9割がリピーターとして再度更新している。このため、「ストックビジネス」として年々売り上げが伸びている。今年の6月期は、連結当期利益で57億6300万円と、7期連続の増収を記録した。

5 セコム上信越 4342

現在の株価 3,245円

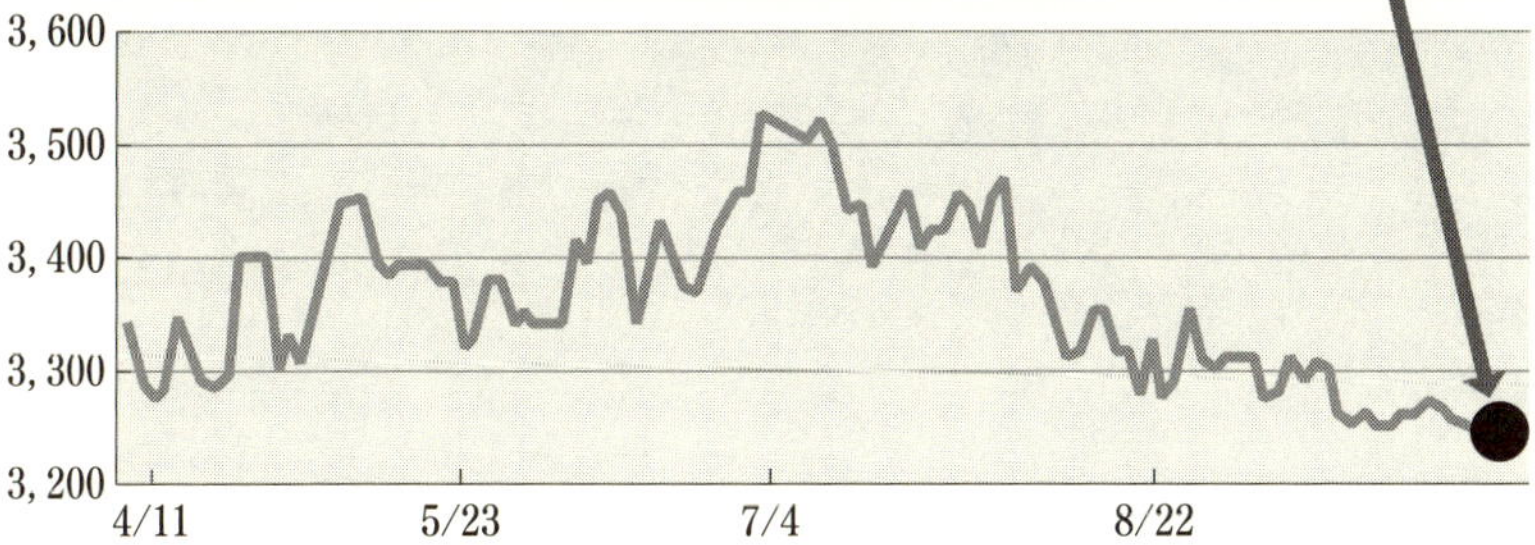

この会社の強み
①セコムの地域子会社であり、機械警備を活用できる。
②研究開発費がかからないため、セコム本体よりも採算性がよい。
③地場企業として地域に密着しており、顧客離れが起きにくい。

時価総額 425億4000万円　配当利回り 2.31%　年初来高値 3,980円(1月5日)

1967年に創業したセコムの地域子会社。新潟、群馬、長野の3県で事業を展開している。3県全体では5割程度のシェアを持つ。セコムが1966年に日本で初めて機械警備システムを導入した。その3年後に、セコム上信越も同じシステムを導入した。

機械警備とは、監視カメラや警報装置を活用して省人化を進めた警備システムであり、大規模化とネットワーク化が進んでいる。そのために国内市場の50%のシェアを占めているセコムグループが、競争優位性を発揮しやすくなっている。

セコム本体の今年3月期の営業利益率は14.5%であるが、セコム上信越は19.5%であり、親会社を上回っている。その理由は、セコム本体が機械警備に対する研究開発投資を継続的に行ない、競争優位性を維持する必要があることに対して、セコム上信越は、研究開発はセコム任せにして「ユーザー」業務に徹しているためである。

警備業は異常事態が起きた時に真価が発揮されるサービスであり、異常事態に陥ったことのない多くの利用者にとっては、どこのサービスであっても差を感じない。地場で長年やってきた警備業者は地元に根付いており、大手業者が後から参入してきても切り替えは簡単には進まない、という特徴がある。セコム上信越は、セコムグループでありながら、約半世紀にわたり3県に根付いて事業を展開してきた「地場企業」としての顔も持っている。そのため業績は安定的であり、今年3月期は売上高が209億4800万円で6期連続増収、5期連続増益、2期連続最高益を記録した。

6 瑞光《ずいこう》 6279

現在の株価 3,985円

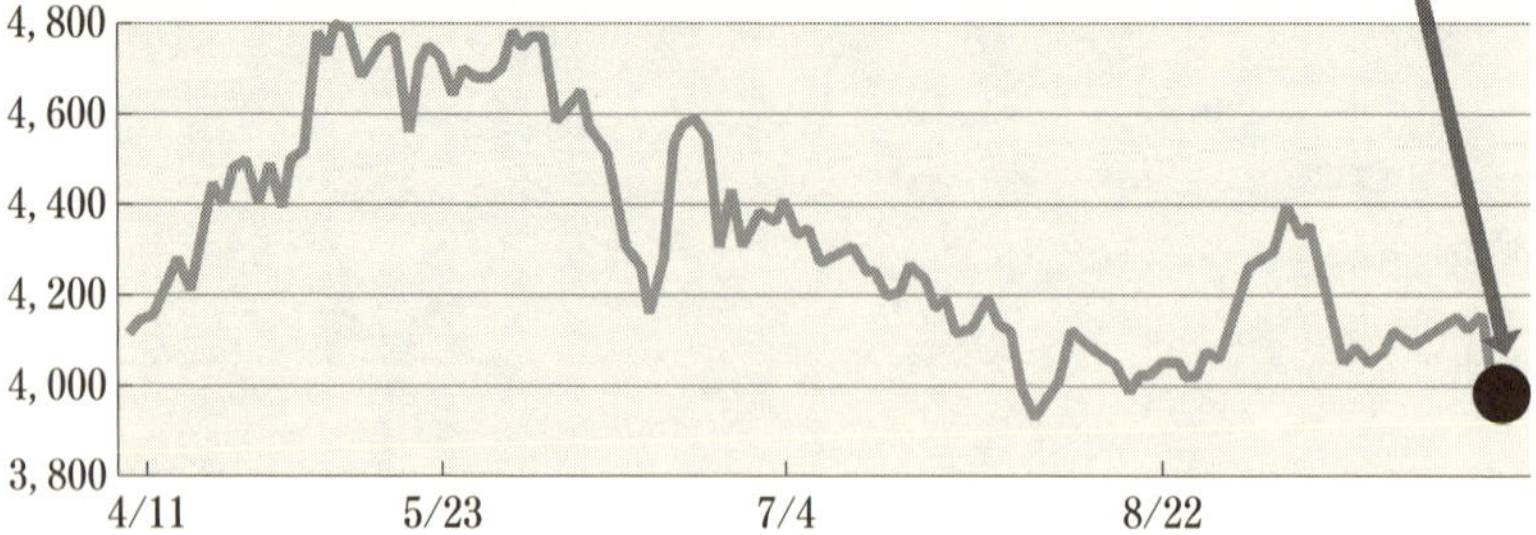

この会社の強み	
	①紙おむつの製造機で国内シェア80%、世界シェア30%、と圧倒的。
	②「勝ち組」であるユニ・チャーム、花王などとの長年の信頼関係がある。
	③新興国需要の増大により、「勝ち組」企業とともにその利益を享受している。

時価総額 284億7600万円　配当利回り 2.15%　年初来高値 4,845円(5月10日)

紙おむつ製造機や生理用ナプキン製造機を作っている。ユニ・チャームや花王などが顧客であり、これらの企業の世界展開に合わせて、国内だけでなく、中国にも工場がある。

高性能の紙おむつ製造機や生理用ナプキン製造機を生産できるのは、日本のこの会社以外には、イタリアに1社、アメリカに1社存在するだけである。瑞光の日本国内のシェアは80%以上と圧倒的であり、世界シェアも30%程度を占める。

中国、インド、インドネシアなどの経済成長によって、これらの国々で中産階級が勃興している。携帯電話、自動車、紙おむつなど、「便利で役に立つ」商品、製品、サービスに対する需要が急拡大している。ユニ・チャームの紙おむつが、中国で圧倒的な支持を得ていることはよく知られている。

瑞光は、これらの「勝ち組」企業の紙おむつ製造機を供給する中核企業であり、「勝ち組」企業にとって「ないと困る」存在である。瑞光の海外取引は、すべて円建てであり、為替変動リスクは供給先である「勝ち組」企業が被《かぶ》っている。ただしメーカーとして徹底的なコスト削減を実施しており、中国工場では現地調達した部品を使って低価格化を実現している。同時に、海賊版対策として中核部品(先端技術)は全量日本で生産し、ブラックボックス化した上で中国工場に輸出し、組み込んでいる。

今年2月期は、中国工場で出荷が後ずれしたことが影響したものの、新興国需要を取り込んで37億4200万円の経常利益を計上した。足元ではこの後ずれの影響が一巡したことで、第1四半期の経常利益は前年同期の2.5倍に急拡大した。

7 TPR《テイー ピー アール》 6463

現在の株価 2,855円

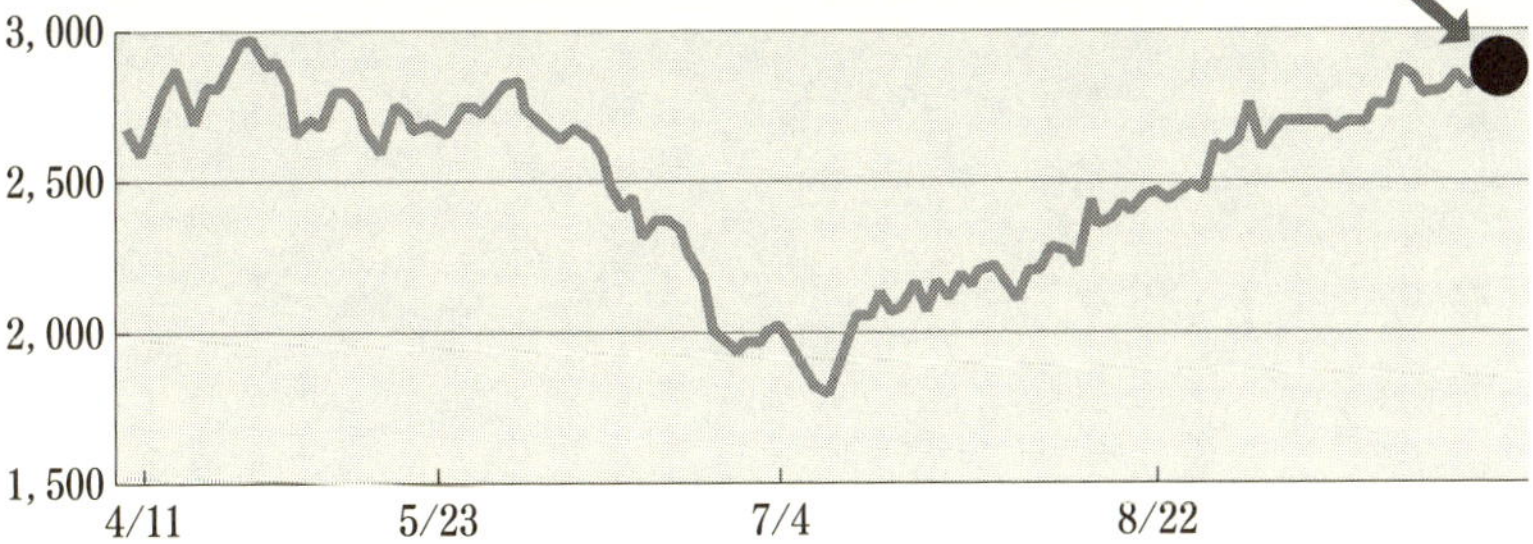

この会社の強み	
	①自動車エンジンの中核部品である「シリンダライナ」で世界シェアNo.1。
	②トヨタ自動車のシリンダライナをほぼ独占的に供給している。
	③新興国のモータリゼーションにより、シリンダライナの需要が増大している。

時価総額 1056億5300万円　配当利回り 1.70%　年初来高値 3,430円（1月4日）

自動車用エンジンに使用される「ピストンリング」と「シリンダライナ」を製造している。日系自動車メーカーのほぼすべてと取引実績があるが、特にトヨタ向けに強い。

ピストンリングとは、エンジンのピストン外周の溝にはめられる円環状の部品のことであり、シリンダライナとはピストンとの気密性を保ちながら滑らかに作動するための筒状の部品のことである。

ピストンリングの世界市場は国内3社、海外2社の5社で寡占状態にあり、ＴＰＲの国内シェアは25%程度である。国内自動車メーカーの品質要求はきわめて高いため、競争も激しい。

それに対してシリンダライナは採算性が相対的に高く、ＴＰＲの業績に直結している。この会社は、主として乗用車向けの小型シリンダライナを生産して、世界シェアは25%程度とトップシェアである。特にトヨタ自動車向けではＴＰＲ製が80%程度を占めている。

日系自動車メーカーの海外進出に歩調を合わせてＴＰＲも海外展開を推進している。日本、米国、中国、欧州、アジア、と世界の5極での生産・販売拠点網を構築した。拠点網の充実により日系メーカー以外にも供給先が拡大している。

原油価格の乱高下や環境問題の深刻化などを背景に、自動車の軽量化ニーズ、燃費向上ニーズは国を問わず高まっており、新興国市場においても低燃費の自動車へと需要がシフトしつつある。トヨタ製品の燃費のよさは世界的に定評があり、その中核部品であるシリンダライナの重要性は今後ますます高まっていく。今年3月期の経常利益は前年比4.8%増の241億7600万円を計上した。

8 東京ラヂエーター製造 7235　現在の株価 592円

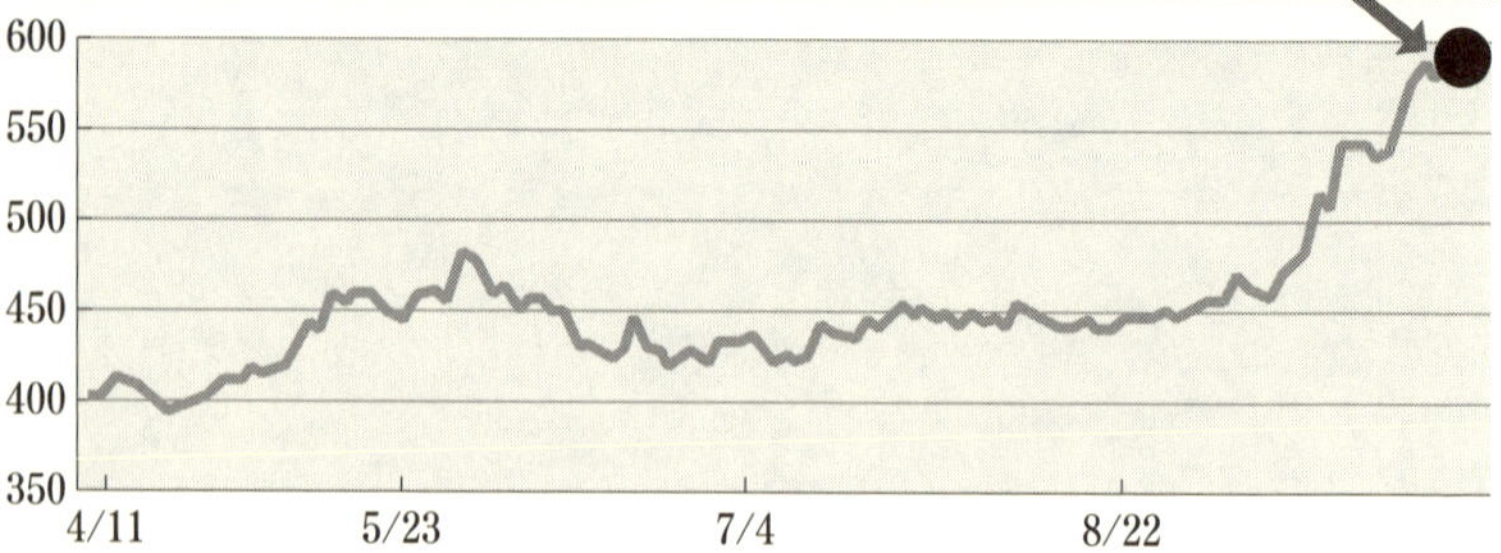

この会社の強み	
	①いすゞ向けにラヂエーターとＥＧＲクーラーを独占的に供給している。
	②日系建機メーカー向けのラヂエーターも強い。
	③アジア新興国のインフラ需要の恩恵を享受できる。

時価総額 **85億6800万円**　配当利回り **1.68%**　年初来高値 **613円（9月30日）**

ラヂエーターの製造メーカーである。ラヂエーターとは、風圧を利用して自動車のエンジンを冷却するためのパーツである。ラヂエーターの性能が悪いとエンジンがオーバーヒートして動かなくなってしまう。ラヂエーター以外に、この会社では「ＥＧＲクーラー」や燃料タンクも製造している。ＥＧＲクーラーとは、車のエンジンで燃焼したガスを冷やして再度エンジンに持って行き、エンジンを冷やすことで燃費を向上させる部品である。

いすゞ自動車向けが売上高の4割を占める。いすゞのトラックのラヂエーターおよびＥＧＲクーラーは、いずれも100%がＴＰＲ製である。いすゞのマザー工場の隣接地に自社工場があり、開発段階から一丸となって対応することで絶大な信用を獲得している。ＥＧＲクーラーはいすゞとの共同開発品である。

日立建機、住友重機、コベルコなど建機（ブルドーザーやショベルカーなど）メーカー向けにもラヂエーターを納入しており、いずれも5割強のシェアを占めている。

親会社であるカルソニックカンセイ（旧日本ラヂエーター）は、日産自動車向けにラヂエーターを提供しているが、ＥＧＲクーラーは手がけていない。そのためカルソニックカンセイ経由で日産自動車にＥＧＲクーラーを売り込むことに成功し、2016年に初搭載された。フル生産は2018年を見込んでおり、利益成長が続きそうである。

トラックや建機は途上国のインフラの整備に不可欠である。アジア新興国のインフラ整備が進むことで、トラックや建機の需要が増大する。自動車向けにもＥＧＲクーラーが搭載されたことで、新興国のモータリゼーションの恩恵も享受できる。

9 エージーピー 9377

現在の株価 562円

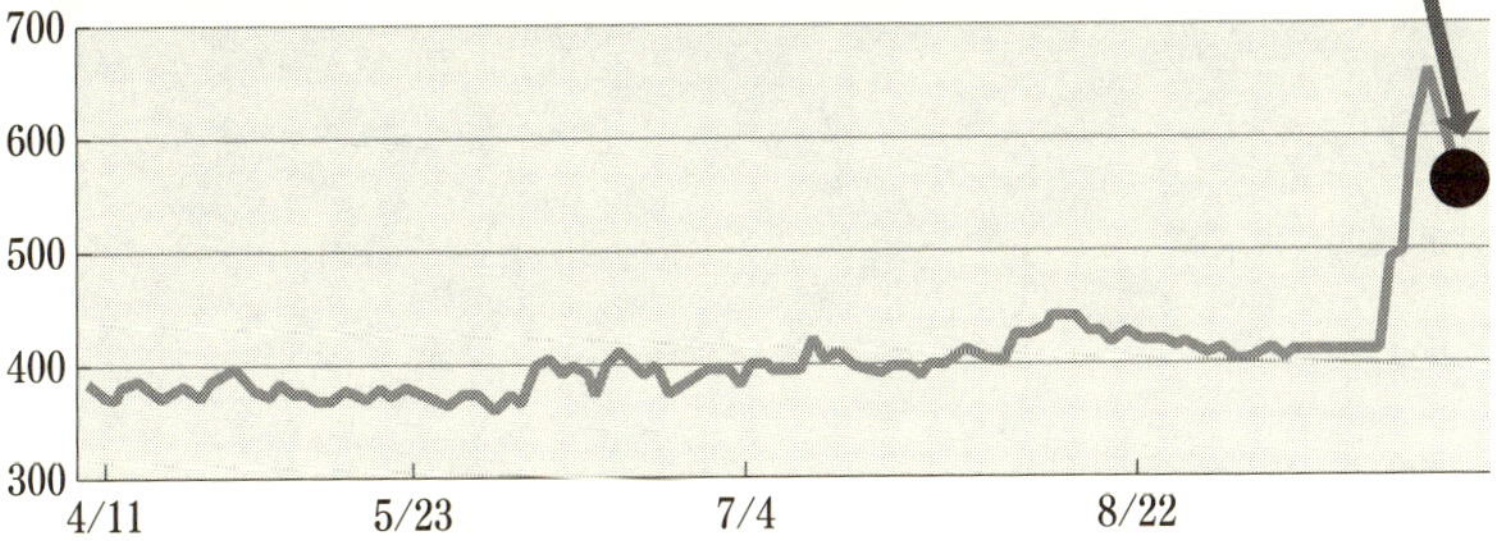

この会社の強み	
	①国内の９つの幹線空港で、独占的に航空機向けの電力供給を手掛けている。
	②空港内の整備事業でも圧倒的な競争力を持つ。
	③空港の新設時にしか参入できないため、新規参入はほぼ不可能。

時価総額 91億6500万円　配当利回り 1.52%　年初来高値 698円(9月29日)

1965年、運輸省の指導のもと、ＡＮＡ、ＪＡＬなどの共同出資により「日本空港動力」として設立された。成田、羽田、関空、新千歳、大阪、福岡、那覇、神戸、広島の9つの幹線空港で、300カ所以上の電源設備と、その電線網を保有しており、駐機中の航空機に電力を供給している。類似する企業はなく、実質的に国内市場を独占している。また、整備事業として、旅客搭乗橋、手荷物搬送設備など、付属機器の整備計画の企画、立案、運用、保守も手がけている。

電源設備は空港の地下に配管して飛行機の近くまで電力を通す必要があるため、空港の新設時にしか作れない。また、一旦設置すれば、空港が稼働し続ける限り確実に仕事が来る。人口減が進む日本では地方空港が著しく衰退している。新幹線鉄道網との競争もあり、9つの幹線空港以外ではエージーピーのように固定式電源設備を設置するニーズはない。だから参入障壁がきわめて高い事業といえる。

羽田や成田などの主要空港はターミナルを増やして離発着便数を増やしている。ターミナルが増えれば電源設備も増えるため、エージーピーの業績の追い風となっている。

整備事業は空港内に港内営業権を持っているところしか入札できない。そもそも港内での仕事は人命に直結するため、新たに営業権を取得すること自体が難しい。だから入札参加者の顔ぶれは毎回同じである。エージーピーは50年以上の港内営業の実績があり、空港からの絶大な信頼があるため、圧倒的な競争力を持つ。

今年3月期の経常利益は9億200万円と上場以来過去3番目に高い水準を記録した。

10 東テク 9960 現在の株価 1,181円

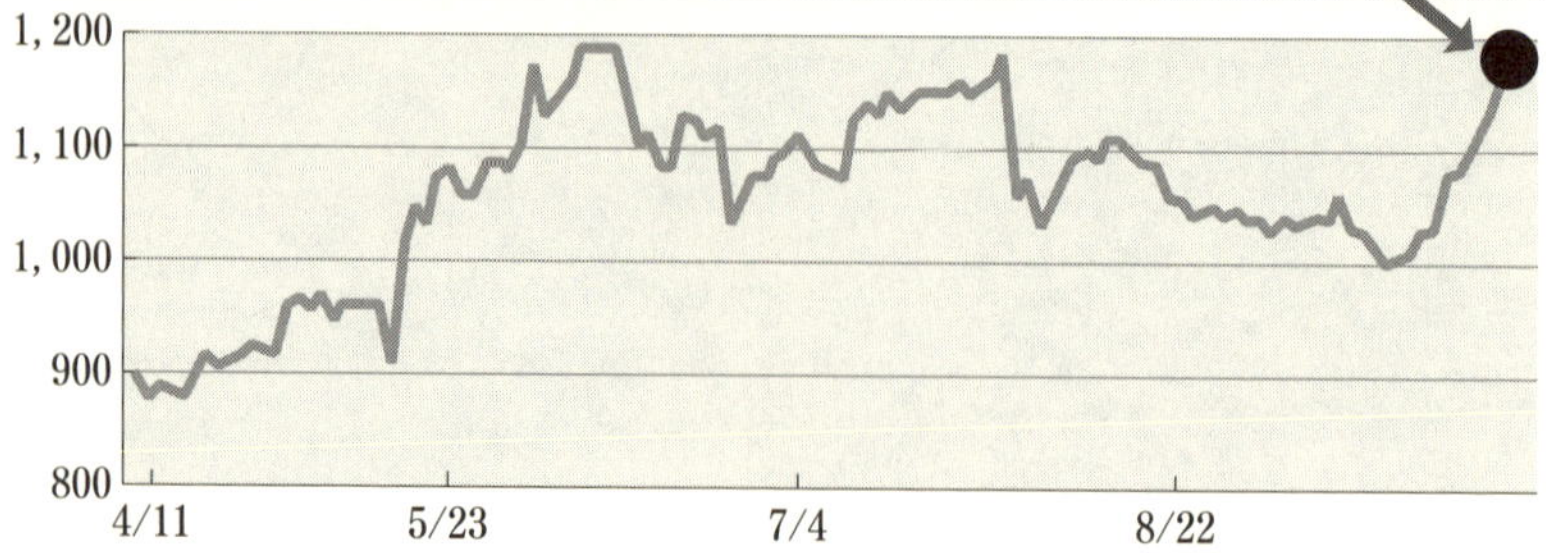

この会社の強み	
	①計装資材大手のアズビルグループの一員であり、仕事が確実に来る。
	②ダイキンの国内No.1販売代理店であり、M＆Aで販路を拡大中である。
	③アズビル、ダイキンの両社とつながっていることで、赤字になったことがない。

時価総額 162億1200万円　配当利回り 3.11％　年初来高値 1,239円（10月3日）

空調関連機器の商社である。国内のビル計装資材（電気工事関連資材）大手のアズビルグループの一員であり、計装工事ではNo.2の実績がある。また産業空調大手のダイキン工業との付き合いも深い。

国内のビルは老朽化が進んでおり、改修や建て替えが進んでいる。そのためアズビルの業績も好調で、その計装工事を手掛ける東テクの業績も順調に伸びている。アズビルはビル計装資材市場で8割のシェアを占めているため、ビル内部の空調工事を手掛ける大手サブコンが割り込めない。「計装はアズビルグループで手がける（サブコンにはやらせない）」という商慣行を崩すことができない。グループ内の計装3社で仕事を分け合っている。

ダイキン工業とは50年来の付き合いがある。同社の設備代理店は5社存在していたが、うち中国地方の代理店と九州地方の代理店を、東テクがM＆Aにより買収した。また北海道の代理店には3割を出資しており、国内トップ代理店として20年間、シェアNo.1を維持している。関東、中国、九州など、この会社が管轄している地域で、ダイキンがビル空調の入札で勝てば、自動的に東テクに仕事が来る。

アズビルグループの一員として計装工事の仕事が確実に発注されることに加え、ダイキンの国内No.1代理店として同社の業績拡大の恩恵も得られる。このように2つの要素を併せ持つため、業績は安定的であり、過去に赤字に陥ったことが一度もない。

今年3月期の経常利益は35億5700万円となり、4期連続で過去最高を更新した。

切りとり線

★読者のみなさまにお願い

この本をお読みになって、どんな感想をお持ちでしょうか。祥伝社のホームページから書評をお送りいただけたら、ありがたく存じます。今後の企画の参考にさせていただきます。また、次ページの原稿用紙を切り取り、左記編集部まで郵送していただいても結構です。

お寄せいただいた「100字書評」は、ご了解のうえ新聞・雑誌などを通じて紹介させていただくこともあります。採用の場合は、特製図書カードを差しあげます。

なお、ご記入いただいたお名前、ご住所、ご連絡先等は、書評紹介の事前了解、謝礼のお届け以外の目的で利用することはありません。また、それらの情報を6カ月を超えて保管することもありません。

〒101―8701（お手紙は郵便番号だけで届きます）
祥伝社　書籍出版部　編集長　萩原貞臣
電話03（3265）1084
祥伝社ブックレビュー　http://www.shodensha.co.jp/bookreview/

◎本書の購買動機

＿＿＿新聞の広告を見て	＿＿＿誌の広告を見て	＿＿＿新聞の書評を見て	＿＿＿誌の書評を見て	書店で見かけて	知人のすすめで

◎今後、新刊情報等のパソコンメール配信を　　希望する　・　しない

◎Eメールアドレス　※携帯電話のアドレスには対応しておりません

@

１００字書評

ユーロ恐慌

住所

名前

年齢

職業

ユーロ恐慌《きょうこう》
欧州壊滅と日本

平成28年11月10日　初版第１刷発行

著　　者　副島《そえじま》隆彦《たかひこ》
発行者　辻　浩明
発行所　祥伝社《しょうでんしゃ》

〒101-8701
東京都千代田区神田神保町3-3
☎03(3265)2081(販売部)
☎03(3265)1084(編集部)
☎03(3265)3622(業務部)

印　　刷　堀内印刷
製　　本　ナショナル製本

ISBN978-4-396-61580-2 C0033　Printed in Japan
祥伝社のホームページ・http://www.shodensha.co.jp/

副島隆彦のベストセラー

2015年刊

再発する世界連鎖暴落

貧困に沈む日本

2016年1月から始まった株・為替・金利の大変動をズバリ予測して的中させた衝撃作。永田町と霞が関で話題

Japan's Losing Ground

祥伝社